LOVE
and
HAPPINESS

In allem was wir tun, ist Liebe der Schlüssel

von Dave Hardy

Die Ratschläge in diesem Buch sind vom Autor und vom Verlag sorgfältig erwogen und geprüft worden. Sie bieten jedoch keinen Ersatz für kompetenten medizinischen Rat. Alle Angaben in diesem Buch erfolgen daher ohne jegliche Gewährleistung oder Garantie seitens des Verlages oder des Autors. Eine Haftung des Autors bzw. des Verlages für Personen-, Sach- und Vermögensschäden ist ebenfalls ausgeschlossen.

Cover Design by Emily Karen

INHALT

1	**Oft sind es die einfachen Dinge**	7
2	**Die Liebe ist der Schlüssel**	9
3	**Warum Liebe?**	11
4	**Das Fenster**	13
5	**Liebe und Erinnerung**	15
6	**Gedanken**	17
7	**Atmen**	19
8	**Stille**	21
9	**Schmerzen**	24
10	**Wir sind stärker als unsere Ängste**	27
11	**Herausforderungen sind Lektionen des Lebens**	29
12	**Je größer der Fehler, desto größer die Chance**	32
13	**Enttäuschungen kommen mit Sicherheit**	34
14	**Umgang mit tiefem Verlust und Schmerz**	37
15	**Wir können nicht jeden retten**	39
16	**Keine Angst vor Fehlern, sie gehören zum Lernprozess**	44
17	**Alten Verhaltensmustern entkommen**	47

18 **Hör auf dich schlecht zu behandeln. Sei gut zu dir.** 53

19 **Konflikte meistern** 57

20 **Wenn wir unser Leben anders haben wollen, sollten wir anders auf unser Leben reagieren.** 60

21 **Mehrwert ist der Ausweg aus der Falle** 65

22 **Jede Art von Wachstum setzt Liebe vor Angst** 67

23 **Keine externe Sache kann uns jemals glücklich machen oder vervollständigen** 70

24 **Rein und frei im jetzigen Moment** 72

25 **Mach dir keine Sorgen darüber, was andere über dich denken** 74

26 **Wenn wir unecht handeln, wird auch alles um uns unecht sein** 78

27 **Wir können unsere Ansichten, Meinungen, Ideen und Vorstellungen ändern** 80

28 **Wir sind nicht für das Glück anderer verantwortlich** 83

29 **Höre auf perfekt zu tun und sei du selbst** 85

30 **Es geht nicht darum, die richtige Person zu finden. Es geht darum, die richtige Person zu sein.** 90

31 **Wir entscheiden, was wir annehmen.** 94

32	Ein tieferes Verständnis für sich selbst	96
33	Unsere Zukunft beginnt mit unserem nächsten Gedanken	98
34	Unsere Kämpfe scheinen außerhalb zu sein. Wir werden jedoch immer von innen zerstört.	101
35	Wenn wir glücklich sein wollen, müssen wir jeden Augenblick danach streben.	104
36	Missgunst und Schuld hindern unsere Chancen daran, bei uns anzukommen.	107
37	Seine Bedürfnisse erfüllen, ohne zu klagen oder negativ zu sein.	109
38	Wenn wir mehr vom Leben wollen, sollten wir damit beginnen, unsere Erfolge zu zählen.	113
39	Die Kraft der Möglichkeiten	117
40	Ein positiver Gedanke ist der Erfolg, den wir heute brauchen.	120
41	Versprich dir jetzt, dass du nicht von hier gehst, ohne voll und ganz gelebt zu haben.	121
42	Zurück zu sich selbst, in einer modernen Welt.	123
43	Bewusster Konsum	129
44	Beginne, dich wieder zu erinnern.	134
45	Hässlichkeit sieht Hässlichkeit. Schönheit sieht Schönheit.	135
46	Sei schön, und das Leben wird dich schützen.	137

DAVE HARDY

1 OFT SIND ES DIE EINFACHEN DINGE…

Eine Schulklasse wurde gebeten zu notieren, welches für sie die Sieben Weltwunder wären.

Folgende Liste kam zustande:

- Pyramiden von Gizeh
- Taj Mahal
- Grand Canyon
- Panamakanal
- Empire State Building
- St. Peters Dom im Vatikan
- Große Mauer in China

Die Lehrerin merkte beim Einsammeln der Resultate, dass eine Schülerin noch am Arbeiten war.

Deshalb fragte sie die junge Frau, ob sie Probleme mit ihrer Liste hätte.

Sie antwortete: “Ja. Ich konnte meine Entscheidung nicht ganz treffen.

Es gibt so viele Wunder.”

Die Lehrerin sagte:

“Nun, teilen Sie uns das mit, was Sie bisher haben und vielleicht können wir ja helfen.”

Die junge Frau zögerte zuerst und las dann vor.

“Für mich sind das die Sieben Weltwunder:

- Sehen
- Hören
- sich Berühren
- Riechen
- Fühlen
- Lachen ...
- ... und Lieben”

Im Zimmer wurde es ganz still.

2 DIE LIEBE IST DER SCHLÜSSEL

Die meisten Menschen haben sich damit abgefunden, gelebt zu werden. Wie oft fühlen wir uns im Alltag verletzt, ausgebeutet, hin- und hergestoßen und glauben, wir könnten nichts dagegen tun. Oft stürzen wir uns mutig in diesen "Kampf", welcher uns nur ängstlicher und schwächer macht.

Wir konzentrieren uns auf die "böse" Welt und vergessen darüber unser eigenes Wesen. Wir vervielfachen unseren Besitz, aber reduzieren unsere Werte. Wir wissen, wie man seinen Lebensunterhalt verdient, aber nicht mehr, wie man lebt.

Der Schlüssel des Lebens liegt darin, sich selbst und andere zu lieben und zu akzeptieren. Das ist das Gleiche, was uns unsere Mütter schon immer gesagt haben, oder Selbsthilfebücher so oft wiederholen, dass es bereits klischeehaft klingen könnte.

Es gibt jedoch einen Unterschied. In diesem Buch geht es nicht darum, das zu sagen, was wir hören wollen. Es ist kein "10-Tage-alles-wird-gut"-Ansatz. Es ist etwas, das ich selbst erfahren habe. Es ist etwas, von dem ich glaube, dass es mich gerettet hat. Es ist etwas, das mich jeden Tag begleitet und mich daran erinnert, was wichtig für mich ist.

Das meiste davon ist so einfach, dass es schon zu einfach sein könnte. Aber in der Einfachheit liegt die Wahrheit. In der Einfachheit liegt die Kraft.

Dies ist eine Sammlung der Gedanken, von dem was ich gelernt habe, von dem was für mich funktioniert und nicht funktioniert hat. Dinge, in denen ich erfolgreich bin und Dinge, an denen ich immer noch täglich Fehler mache.

Doch Fehler gehören zum Lernprozess dazu. Wir gehen auch nicht einmal ins Fitnessstudio und glauben, dass es damit erledigt ist. Das Gleiche gilt hierfür. Ruhe zu finden, ist eine praktische Ausübung. Sport zu treiben, ist eine praktische Ausübung. Sich selbst zu lieben, ist eine praktische Ausübung. Eines der wichtigsten Übungen überhaupt.

Wir sollten uns mit der gleichen Intensität lieben, mit der wir uns von einer Klippe hochziehen würden, an der wir nur mit unseren Fingern hängen.

Wir sollten uns und andere so sehr lieben, als ob unser Leben davon abhängen würde. Warum? Weil es das tut.

Sobald wir damit beginnen, ist es wirklich nicht schwer und wird immer einfacher. Es erfordert einfach nur etwas Einsatzbereitschaft.

Die Liebe hat mein Leben verändert. Ich weiß, dass sie auch deins verändern wird.

3 WARUM LIEBE?

Warum Liebe? Warum nicht, “Ich mag mich.”? Warum nicht, “Ich akzeptiere mich.”? Warum nur muss es Liebe sein?

Hier meine Theorie: Unser Verstand kennt es auf einem grundlegenden Urinstinkt. Also anders, als die meisten Wörter hat Liebe die Möglichkeit, durch unser Bewusstsein hin zum Unterbewussten zu gelangen. Der Ort, an dem die Veränderung stattfindet.

Es ist nicht schlimm, wenn du nicht glaubst, dass du dich und andere lieben kannst. Unsere einzige Aufgabe ist es, die Verbindung zwischen unseren Neuronen wiederherzustellen. Stück für Stück und Gedanke für Gedanke. Unser Verstand hat bereits eine starke Verbindung zur Liebe.

Unser Körper kennt diese Emotion. Er weiß, dass Liebe uns nährt, dass Liebe sanft ist und dass Liebe uns heilt. Unser Körper weiß auch, dass Liebe bedeutet, sich und andere zu akzeptieren.

Wir selbst müssen dabei keines dieser Aufgaben übernehmen. Dies wird alles vom Körper übernommen. Unsere einzige Aufgabe ist die Verbindung zur Liebe wiederherzustellen.

Unsere Aufgabe ist nur, sich und andere wirklich von tiefstem Herzen zu lieben. Immer und immer wieder. Wir sollten es zu unserem einzigen Fokus machen. Unser Verstand und unser Körper werden darauf von alleine reagieren und den Rest übernehmen. Sie haben keine andere Wahl.

Und das Beste daran ist: Wenn wir uns selbst und andere lieben, liebt uns das Leben zurück. Es hat keine andere Wahl außer uns zurück zu lieben.

Ich kann nicht erklären, wie es funktioniert. Ich weiß jedoch, dass es wahr ist. Wenn du dich eines Tages dabei erwischt, wie du das Leben mit "einfach unglaublich" beschreibst, dann weißt du, was ich damit meine.

4 DAS FENSTER

Dunkelheit ist die Abwesenheit von Licht. Und wo Licht ist, kann keine Finsternis sein. Das ist der Grundgedanke, auf dem alles basiert. Dieses eine Prinzip hat das Potenzial, unser Leben zu verändern.

Jeder negative Gedanke ist Dunkelheit. Wie werden wir sie am besten los? Sollten wir gegen Angst und Sorge kämpfen? Sollten wir versuchen, Angst und Trauer wegzuschieben? All der ganze Widerstand wird nichts bringen. Es wird nicht funktionieren.

Anstatt zu versuchen gegen die Dunkelheit anzukämpfen, sollten wir uns vorstellen, dass wir in einem dunklen Raum sind, und draußen die Sonne scheint. Das Einzige, was wir in diesem Moment tun sollten, ist zum Fenster zu gehen, die Vorhänge beiseitezuschieben und das Fenster mit einem Lappen zu reinigen.

Sobald das Fenster offen und sauber ist, kann das Licht den Raum betreten und die Dunkelheit auflösen. Es ist so einfach. Die Dunkelheit muss vor dem Licht weichen.

Jedes Mal, wenn sich unser Verstand in Richtung Dunkelheit, Angst, Sorgen und Schmerzen verschiebt, sollten wir einfach das Fenster wieder reinigen und die Vorhänge öffnen. Das Licht wird den Raum erneut erleuchten. Es wird wieder hell.

5 LIEBE UND ERINNERUNGEN

Erinnerungen sind nicht in Stein gemeißelt. Jeder Neurowissenschaftler wird uns das bestätigen. Je mehr wir uns an etwas erinnern, desto mehr stärken wir die Verbindungen der Neuronen in unserem Gehirn. Besonders, wenn unsere Erinnerungen sehr emotional sind.

In anderen Worten bedeutet dies: Je mehr wir über etwas nachdenken, desto stärker fühlen wir es auch, und desto stärker wird die Erinnerung danach. Nicht nur die Erinnerung danach stärkt diese Verbindung. Auch der emotionale Zustand, in dem wir uns daran erinnern, formt und verändert unsere Erinnerung. Diese Information kann unsere Welt verändern.

Nehmen wir beispielsweise eine Beziehung, die vor Jahren geendet hat. Erinnern wir uns immer wieder an diese Beziehung, wenn es uns gerade schlecht geht, werden wir uns nur auf die negativen Abschnitte der Erinnerung konzentrieren. Dadurch wird der negative Teil der Erinnerung gefestigt.

Erinnern wir uns an die exakt gleiche Situation, wenn wir uns in einem positiven Zustand befinden, verändert sich auch unsere Erinnerung und emotionale Bindung dazu. Es ist immer noch die gleiche Erinnerung. Es ist immer noch unser gleiches Gehirn. Jedoch ist der Filter, mit dem wir die Erinnerung betrachten, ein anderer. Dieser Filter verschiebt unseren Fokus und damit auch unsere Erinnerung.

Noch wichtiger ist, dass es unsere Emotionen verändert, an die diese Erinnerung geknüpft ist und die Kraft schwächt, welche diese Erinnerung über uns hat.

Wenn also eine schmerzhafte Erinnerung aufkommt, versuch sie nicht zu bekämpfen oder wegzuschieben.

Kampf verstärkt Schmerzen. Wir sollten stattdessen auf Liebe setzen. Die Liebe zu sich selbst und die Liebe zu anderen. Fühl es. Und selbst, wenn wir dieses Gefühl zu Beginn fälschen müssen. Tu es. Es wird real werden. Fühl die Liebe. Es wird der Negativität die Kraft entziehen. Es wird die Verbindung und emotionale Bindung unserer Erinnerung verändern. Es ist unser Verstand, wir können damit tun, was immer wir wollen. Also warum nicht lieben?

6 GEDANKEN

Wenn wir aus Atomen und Molekülen bestehen, und diese wiederum aus kleineren Teilchen, wie leerer Raum und Energie. Was sind wir dann? Sind wir Luft? Sind wir unsere Gedanken?

Haben wir unsere Gedanken schon einmal in einer mentalen Schleife beobachtet? Das Abspielen von alten Geschichten, von alten Scherzen oder den gleichen Mustern? Wer sind wir? Sind wir der Gedanke oder der Beobachter? Wenn wir der Beobachter sind, was ist dann der Gedanke? Oder sind wir ein Gedanke, der einen anderen Gedanken beobachtet?

Ich weiß es nicht, und das ist auch OK für mich. Immer, wenn wir über so etwas nachdenken, stellen wir fest, dass so gut wie alles einfach nur Theorie ist.

Mich interessiert, was wirklich und nicht nur theoretisch funktioniert. Was eine wirkliche Veränderung in meinem Leben bewirkt und nicht nur theoretisch gut für mich ist. Das ist, was ich weiß: Wenn unser Verstand sich selbst überlassen wird, wiederholt er immer und immer wieder dieselben Abläufe. Meistens Abläufe, die nicht gut für uns sind.

Etwas wirklich Praktisches und Veränderndes ist, wenn wir einen Gedanken bewusst wählen und ihn nicht zufällig entstehen lassen. Und wenn wir den Ablauf immer wieder erneut versuchen. Mit Emotion, mit Gefühl und mit Akzeptanz.

Wenn wir immer und immer wieder bewusste Gedanken wählen, setzen wir die synaptischen Verbindungen in unserem Gehirn, bis diese Gedanken irgendwann automatisch abgerufen werden.

Wenn wir dies mit ausreichend Intensität durchführen, wird unser Verstand auf Dauer keine andere Wahl haben, außer unsere bewussten Denkmuster automatisch abzuspielen. Das ist es, wie es funktioniert.

Diese Denkmuster werden zu unseren Filtern, durch die wir unsere Welt wahrnehmen werden. Haben wir diesen Prozess mit einem Denkmuster gemeistert, lässt sich dieser Ablauf mit beliebig anderen Denkmustern durchführen. Das hört sich vielleicht nach etwas Arbeit an. Ist es auch vielleicht. Aber die Natur unseres Verstandes sind Gedanken.

Wir sollten Gedanken wählen, die uns verändern und unser Leben zu dem machen, was wir uns wünschen.

7 ATMEN

Atmen kann unser Leben verändern.

Wenn wir uns gestresst und überfordert fühlen, atme. Es beruhigt und löst tiefe Spannungen.

Wenn wir uns über etwas Sorgen machen, das gerade vor uns liegt, atme. Es wird uns zurück in die Gegenwart bringen.

Wenn wir entmutigt sind und nicht wissen, was wir als Nächstes tun sollten, atme. Es wird uns daran erinnern, wie wertvoll das Leben ist und dass jeder Atemzug ein Geschenk des Lebens ist, den wir wertschätzen sollten.

Wir sollten das Beste aus diesem Geschenk machen.

Wenn wir zu viele Aufgaben zu tun haben, oder uns in unserer Arbeitswoche verloren haben, atme. Es wird uns helfen, unseren Fokus zurückzuerlangen, um uns auf die wichtigsten Aufgaben zu konzentrieren.

Wenn wir Zeit mit jemandem, den wir lieben verbringen, atme. Es wird uns erlauben, mit der Person im jetzigen

Moment zu leben und diesen zu genießen, anstatt an Arbeit oder andere Dinge zu denken, die wir noch zu tun haben.

Wenn wir Sport machen, atme. Es wird uns helfen, unsere Trainingseinheit zu genießen.

Wenn wir zu schnell unterwegs sind, atme. Es wird uns daran erinnern, langsamer zu werden und das Leben mehr zu genießen.

Also atme. Genieße jeden Moment in deinem Leben. Sie sind sehr flüchtig und zu wenige, um verschwendet zu werden.

8 STILLE

Sei still und genieße die Ruhe. Nur für einen Moment.

In dieser Welt gehören Aktivität, Bewegung und Veränderung zum Standard. Wenn nicht unser Körper aktiv ist, dann sind es unsere Gedanken und unsere Aufmerksamkeit.

Wir sind ständig mit Dingen beschäftigt, am Reden, am Mailen, Schreiben und Lesen von Nachrichten.

Wir sind immer online, immer verbunden, immer am Denken, immer am Reden. Es ist selten Raum für Stille. Den ganzen Tag vor einem Computer oder Fernseher zu verbringen, gehören nicht zur Stille.

Ohne Stille verlieren wir die Zeit für Besinnung, Beobachtung und Zuhören. Wir verlieren unseren Frieden.

Das ständige Hin- und Herhetzen ist oft kontraproduktiv und macht uns langsam. In unserer Gesellschaft ist Handlung das Wichtigste. Etwas nicht zu tun, wird als faul, passiv oder unproduktiv angesehen.

Manchmal ist zu viel Handlung schlimmer, als nichts zu tun. Es kann passieren, dass wir nur noch hin- und herrennen, Geräusche produzieren und nichts hinbekommen. Oder wir bekommen ziemlich viel hin, aber nichts, was wirklich wichtig für uns ist. Oder wir verletzen jemanden mit unseren Handlungen, machen bestimmte Dinge schlimmer, als wenn wir still wären.

Und wenn wir dazu gezwungen werden still zu sein, indem wir zum Beispiel in einer Warteschlange stehen, oder im Wartezimmer auf den Arzt oder an der Haltestelle auf den Bus oder Zug warten, werden wir schnell unruhig und suchen etwas, mit dem wir uns ablenken können.

Einige werden zu ihrem Smartphone greifen, die anderen zu einem Notebook oder Ordner, um etwas zu lesen oder irgendwelche Dinge zu erledigen. Still zu sein ist etwas, das wir heute nicht mehr gewohnt sind.

Wir sollten uns einmal einen Moment Zeit nehmen und darüber nachdenken, wie wir unsere Tage, Feierabende, Wochenenden und Urlaube verbringen. Sind wir immer nur beschäftigt? Sind wir immer nur am Lesen oder Beantworten von Nachrichten?

Sind wir immer dabei viele Dinge gleichzeitig zu erledigen und die To-dos von unserer Liste wie eine Maschine abzuarbeiten?

Wollen wir unser Leben so verbringen?

Wenn ja, dann möge Frieden mit dir sein. Wenn nicht, nimm dir einen Moment Zeit still zu sein. Denk nicht darüber nach, was du noch zu tun hast oder was du schon geschafft hast. Sei einfach nur in dem Moment.

Stell dir nach ein bis zwei Minuten vor, wie dein Leben sein sollte. Betrachte dein Leben etwas langsamer, weniger tuend, weniger hetzend. Betrachte es, mit mehr Ruhe, mehr Bewusstsein und mehr Frieden.

Dann sei diese Version.

Es ist eigentlich sehr einfach. Alles, was wir zu tun haben, ist jeden Tag einen Moment der Stille zu finden. Sobald du dich daran gewöhnt hast, fokussiere dich auf das Wichtigste und atme. Bremse ab, wenn du schnell bist. Sei in der Gegenwart. Verspüre Glück in diesem Moment, anstatt darauf zu warten.

Beschütze die Stille. Sie ist ein Schatz, der für uns immer bereitsteht.

9 SCHMERZEN

Ein Wissenschaftler beobachtete einen Schmetterling und sah, wie sehr sich dieser abmühte, durch das enge Loch aus dem Kokon zu schlüpfen. Stundenlang kämpfte der Schmetterling, um sich daraus zu befreien. Da bekam der Wissenschaftler Mitleid mit dem Schmetterling, ging in die Küche, holte ein kleines Messer und weitete vorsichtig das Loch im Kokon, damit sich der Schmetterling leichter befreien konnte.

Der Schmetterling entschlüpfte sehr schnell und sehr leicht. Doch was der Mann dann sah, erschreckte ihn sehr.

Der Schmetterling, der da entschlüpfte, war ein Krüppel. Die Flügel waren ganz kurz und er konnte nur flattern aber nicht richtig fliegen. Da ging der Wissenschaftler zu einem Freund, einem Biologen, und fragte diesen:

"Warum sind die Flügel so kurz und warum kann dieser Schmetterling nicht richtig fliegen?"

Der Biologe fragte ihn, was er denn gemacht hätte.

Da erzählte der Wissenschaftler, dass er dem Schmetterling geholfen hatte, leichter aus dem Kokon zu schlüpfen.

"Das war das Schlimmste, was du tun konntest. Denn durch die enge Öffnung ist der Schmetterling gezwungen, sich hindurchzuquetschen. Erst dadurch werden seine Flügel aus dem Körper herausgequetscht, und wenn er dann ganz ausgeschlüpft ist, kann er fliegen. Weil du ihm geholfen hast und den Schmerz ersparen wolltest, hast du ihm zwar kurzfristig geholfen, aber langfristig zum Krüppel gemacht."

Wir brauchen manchmal den Schmerz, um uns entfalten zu können - um der oder die zu sein, die wir sein können.

"Der beste Weg, den Schmerz loszuwerden, ist, den Schmerz zu fühlen. Und wenn wir den Schmerz fühlen und ihn überwinden, wartet dahinter eine intensive Liebe." — Deepak Chopra

Das Leben kann sich manchmal sehr hart und ungerecht anfühlen. Der Wunsch schön auszusehen, erfolgreich zu sein, und ein perfektes Leben zu führen, kann manchmal sehr viel Druck auf uns ausüben.

Es gibt Momente, in denen die Dinge nicht so kommen, wie wir es uns wünschen. Manchmal machen wir Fehler. Manchmal fühlen wir uns nicht gut oder sind mit unserem Aussehen unzufrieden. Manchmal fühlen wir uns einfach elend, einsam und im Stich gelassen.

Wenn wir von unserem Weg abgekommen sind und uns nicht gut fühlen, gehört dieses Gefühl zu uns. Wenn wir uns elend fühlen, gehört dieses Gefühl zu uns und niemand sollte es uns wegnehmen. Es ist wichtig, unsere Gefühle wahrzunehmen. Vielleicht laufen die Dinge in unserem Leben aktuell wirklich nicht gut. Vielleicht gibt es wirklich gute Gründe deprimiert zu sein, und das Letzte, was wir in so einer Situation brauchen, ist jemand, der uns sagt, dass wir glücklich sein sollen.

Was wir in so einer Situation brauchen, ist der Respekt von anderen für unsere Gefühle. Wir brauchen nicht einen Cheerleader, der uns anfeuert. Wir brauchen einfach einen Freund, der anerkennt und akzeptiert, wie wir uns gerade fühlen. Echte Probleme lassen sich nicht mit einem motivierenden Poster, einem süßen Zitat oder einem Klaps auf die Schulter lösen.

Wenn wir gerade einen bestimmten Schmerz verspüren, hilft es nur selten zu wissen, wie schön oder besonders man ist oder wie wertvoll jeder Moment ist. Wenn wir bestimmte Situationen unterdrücken und die Augen davor verschließen, werden diese Probleme nicht verschwinden. Es ist wichtig, bestimmte Situationen anzunehmen und zu respektieren, um sich durch den Schmerz zu bewegen.

Gewisse Schwierigkeiten helfen uns, zu wachsen und uns zu entwickeln. Viele wichtige Abschnitte des Lebens werden durch Herausforderungen geprägt sein. Auch die erstaunlichsten Menschen dieser Welt sind nicht perfekt und hatten kein perfektes Leben. Sie alle wurden durch gewisse Leiden, Entbehrungen, Verluste, Niederschläge und Fehler geprägt.

Indem sie ihre Herausforderungen angegangen sind und daraus gereift sind, wurden sie stärker, weiser, liebevoller und mitfühlender. Alles braucht seine Zeit. Wenn wir dran bleiben, werden wir stärker und reifer. Schwierigkeiten helfen uns, unsere Flügel zu entwickeln.

Gleichzeitig sollten wir beachten, dass früher oder später jede Person auch gewisse harte Zeiten erlebt. Indem wir ihnen in diesen Zeiten respektvoll, geduldig, mitfühlend und verständnisvoll begegnen, ermutigen wir sie, diese zu überwinden.

10 WIR SIND STÄRKER ALS UNSERE ÄNGSTE

Es gibt tief in uns ein Mechanismus, der Schmerzen absorbiert und in Weisheit transformiert. Um zu wachsen, müssen wir unseren Ängsten und Herausforderungen begegnen.

Wachstum und Stärke erfordern es, dass wir uns der beängstigenden, harten und vielleicht unerträglichen Realität stellen. Eines der schnellsten Wege eine Herausforderung zu meistern, ist ehrlich mit sich selbst zu sein.

"Es gibt Momente, in denen wir durch gewisse Schmerzen wachsen und lernen. Es gibt aber auch Zeiten, in denen wir uns ihnen nicht stellen, weil wir noch nicht bereit dazu sind. Wir können den Weg, den wir gehen und die Entscheidungen, die wir treffen nicht mit anderen vergleichen. Jeder Weg ist einzigartig." — Necole Stephens

Eine Krise entsteht häufig durch lange unterdrückten Schmerz oder Gefühle. Irgendwann kommt alles an die Oberfläche. Doch wenn wir Veränderungen und

Herausforderungen meiden, meiden wir auch unser Wachstum und unsere Entwicklung.

Wir sollten uns unseren Ängsten stellen und ihnen unmissverständlich klar machen: “Ich habe keine Angst vor dir!”.

Kein Leugnen von Tatsachen mehr. Keine Schuldzuweisungen mehr. Kein Weglaufen mehr.

Unsere Ängste verschwinden, sobald wir ihnen offen und ehrlich gegenübertreten. Häufig führen wir viele unentdeckter Ängste in uns, die uns davon abhalten Chancen und Möglichkeiten wahrzunehmen.

“Angst hält alle guten Dinge davon ab, sich in ihr volles Potenzial zu entwickeln.” — Kimberley Blaine

Wenn wir unseren Ängsten begegnen, werden wir feststellen, dass wir immer stärker als unsere Herausforderungen sind. Angst erscheint häufig unausweichlich und unüberwindbar. Es ist Zeit sich davon zu verabschieden.

Wenn wir unseren Ängsten begegnen, sehen wir uns nur selbst. Unsere Angst kommt immer von uns aus. Angst ist wie ein Gefängnis, in dem wir der Gefängniswärter sind. Wir sind in dem Moment frei, in dem wir selbst entscheiden, uns freizulassen und das Leben voller Leidenschaft zu leben. Dieser Moment ist jetzt gekommen.

11 HERAUSFORDERUNGEN SIND LEKTIONEN DES LEBENS

Es war einmal ein Junge. Er war mit nur einem Arm auf die Welt gekommen, der Linke fehlte ihm.

Nun war es so, dass sich der Junge für den Kampfsport interessierte. Er bat seine Eltern so lange darum Unterricht in Judo nehmen zu können, bis sie nachgaben, obwohl sie wenig Sinn daran sahen, dass er mit seiner Behinderung diesen Sport wählte.

Der Meister, bei dem der Junge lernte, brachte ihm einen einzigen Griff bei und den sollte der Junge wieder und wieder trainieren. Nach einigen Wochen fragte der Junge: "Sag, Meister, sollte ich nicht mehrere Griffe lernen?"

Sein Lehrer antwortete: "Das ist der einzige Griff, den du beherrschen musst." Obwohl der Junge die Antwort nicht verstand, fügte er sich und trainierte weiter.

Irgendwann kam das erste Turnier, an dem der Junge teilnahm. Und zu seiner Verblüffung gewann er die ersten

Kämpfe mühelos. Mit den Runden steigerte sich auch die Fähigkeit seiner Gegner, aber er schaffte es bis zum Finale.

Dort stand er einem Jungen gegenüber, der sehr viel größer, älter und kräftiger war als er. Auch hatte der viel mehr Erfahrungen. Einige regten an, diesen ungleichen Kampf abzusagen und auch der Junge zweifelte einen Moment, dass er eine Chance haben würde.

Der Meister aber bestand auf den Kampf.

Im Moment einer Unachtsamkeit seines Gegners gelang es dem Jungen, seinen einzigen Griff anzuwenden – und mit diesem gewann er zum Erstaunen aller.

Auf dem Heimweg sprachen der Meister und der Junge über den Kampf. Der Junge fragte: "Wie war es möglich, dass ich mit nur einem einzigen Griff das Turnier gewinnen konnte?"

"Das hat zwei Gründe", antwortete der Meister, "den Griff, den du beherrschst, ist einer der schwierigsten und besten Griffe im Judo. Darüber hinaus kann man sich gegen ihn nur verteidigen, indem man den linken Arm des Gegners zu fassen bekommt."

Und da wurde dem Jungen klar, dass seine größte Schwäche auch seine größte Stärke war.

Unsere Schwierigkeiten fordern uns heraus. Wir sind alle nur bescheidene Schüler dieser Welt. Welche Lektionen hält das Leben für uns heute bereit? Der Lehrer kann nur die Lektion anbieten, aber der Schüler entscheidet letztlich, was er lernen will.

Wenn wir den weltlichen Wahnsinn aus einer anderen Brille betrachten, erkennen wir, dass unsere Herausforderungen oft nicht sinnlos sind. Die Schwierigkeiten helfen uns, mehr Mitgefühl, Liebe und Kraft zu entwickeln. Nehmen wir die Herausforderung an?

Ohne unsere Prüfungen wären wir ein geistiges Embryo. Die Schwierigkeiten bieten uns eine Wahl, wie wir die Lektion annehmen. Wir können es zulassen, dass unser Herz durch sie zunehmend verhärtet wird und wir die schönen Dinge im Leben nicht mehr richtig schätzen. Oder wir nutzen die Härte des Schmerzes, um die steinige Festung zu zertrümmern, die unser zartes, schönes und süßes Herz umgibt.

Unsere Schwierigkeiten helfen uns, in Kraft, Weisheit und Liebe zu wachsen. Mit dieser Perspektive werden wir uns und die Welt um uns herum anders wahrnehmen. Wenn wir aus dieser Perspektive auf uns selbst schauen, werden wir sehen, wie wunderbar wir gemacht sind.

"Wir alle haben innen und außen Narben. Mit unseren gemachten Erfahrungen können wir diejenigen unterstützen, die vielleicht dabei sind, ähnliche Wege zu gehen. Unsere gemachten Erfahrungen sind sehr wertvoll. Sie können jetzt dazu verwendet werden, um andere zu stärken, die gerade selbst vor bestimmten Schwierigkeiten stehen und unter bestimmten Umständen leiden." — Katie Maslin

Durch geistige Reife werden wir neue Wege sehen, die unnötiges Leiden vermeiden, klügere Wege, um unvermeidliche Schwierigkeiten mit Gnade zu ertragen, und Möglichkeiten, gemachte Erfahrungen als Lektionen für andere weiterzugeben.

Wir sollten in Erinnerung behalten, dass unser Weg häufig nicht glatt und einfach ist. Es gibt immer wieder schwierige Situationen, gewisse Nöte, Verluste und Lektionen. Wir sollten die Hoffnung auf dem Weg nicht verlieren. Wir sind genau dort, wo wir sein müssen.

12 JE GRÖßER DER FEHLER, DESTO GRÖßER IST DIE CHANCE

Wir dürfen nicht in Erinnerungen an unsere Fehler schwelgen. Wir alle machen Fehler. Wir entschuldigen uns dafür und schauen nach vorne. Wir sollten nicht ständig im Kopf daran festhalten. Uns nicht immer wieder selbst innerlich dafür bestrafen, Ausreden suchen, oder verurteilen.

Nachdem wir uns entschuldigt haben, brauchen wir nichts mehr zu erklären. Wenn wir einen Fehler immer wieder aufgreifen und darüber reden, halten wir diesen Fehler am Leben. Einfach entschuldigen, daraus lernen und unser Verhalten dementsprechend anpassen.

Die meisten Fehler, die in der Hitze des Gefechts riesig erscheinen, sind oft schnell vergessen. Oft entsteht sogar eine viel engere Beziehung zu unseren Mitmenschen, wenn wir einen Fehler gemeinsam überwinden.

Große Fehler sind nicht schön, aber eine Möglichkeit daraus zu lernen und zu wachsen. Je größer der Fehler, desto größer ist die Chance zu zeigen, dass wir auch in der Lage sind, schwierige Situationen zu meistern.

Die Vergangenheit ist vorbei und kann nicht mehr geändert oder ungeschehen gemacht werden, indem wir ständig darüber nachdenken. Je schneller wir unsere Fehler und Missgeschicke überwinden, unsere Lektion daraus ziehen und unser Verhalten korrigieren, desto gesünder wird unsere Beziehung zu uns selbst und zu allen anderen um uns herum.

13 ENTTÄUSCHUNGEN KOMMEN MIT SICHERHEIT

Gewisse Enttäuschungen wird es immer wieder geben. Menschen enttäuschen einander, wie man es nie für möglich gehalten hätte. Sie lassen sich gegenseitig im Stich oder betrügen einander. Und es gibt nur eine Möglichkeit, wie wir uns davor schützen können — loslassen.

Wir sind es uns wert, nicht mit Negativität auf Negativität zu reagieren. Loslassen ist der einzige Weg, nicht zweimal leiden zu müssen. Einfach loslassen und nicht an der Vergangenheit festhalten, fantasieren, träumen oder wünschen. Vielleicht haben wir es noch nicht gemerkt, aber wir haben uns weiterentwickelt. Jeder Tag ist ein neuer Tag mit neuen Chancen und Freuden. Wir sind anders als damals.

Die Vergangenheit ist nicht mehr, sie ist vergangen. Unser Leben findet Tag für Tag aufs Neue statt. Die schönsten Momente liegen direkt vor uns, dort wo wir uns gerade befinden. Wir sollten zugreifen und sie genießen, solange sie noch in greifbarer Nähe sind.

Wir sollten aufhören, uns ständig Sorgen über die Zukunft zu machen. Die Art, wie wir durchs Leben gehen, ist Tag für Tag, Stunde für Stunde, Moment für Moment. Keiner weiß, wie unsere Zukunft aussieht oder was morgen passiert. Lange geschmiedete Pläne können sich in einem einzigen Moment in Luft auflösen.

Wir sollten versuchen, einen guten Moment zu finden, zu schaffen oder wahrzunehmen. Selbst in den dunkelsten Stunden. Die schönen Dinge im Leben intensiver wahrzunehmen, erfordert einfache Übung. Wir können unseren Geist und unsere Wahrnehmung dahin verändern, dass wir in bestimmten Situationen die positiven Dinge sehen. Ein guter Moment in einem scheinbar schlechten Tag zählt und ist wertvoll. Unser Ziel sollte es sein, die Anzahl schöner Momente in unserem Tag zu erhöhen. Jeder Moment ist ein Teil unseres Lebens.

Niemand möchte leiden. Niemand möchte in Angst leben. Niemand möchte alles verlieren. Niemand möchte, dass sein Herz in Stücke gerissen wird. Niemand möchte krank sein. Und niemand möchte sterben. Doch leider passieren diese Dinge auf dieser Welt. Das Mindeste was wir tun können, ist füreinander da zu sein. Das ist das, was wir uns in solchen Momenten selbst wünschen würden.

Wenn wir uns niedergeschlagen fühlen, ist es hilfreich, sich auf eine einfache Sache zu konzentrieren, die uns hilft, durch den Tag zu kommen: eine schöne Erinnerung, einen Sonnenuntergang oder ein kostbarer Moment.

Die Grenze zu unserem Wohlstand ist die fehlende Wahrnehmung dessen. Wir können diese Grenzen durchbrechen, indem wir einfach "Ja" zur Liebe sagen. Wir können nicht das Leben an sich, sondern nur unsere Gefühle dazu wahrnehmen und empfinden. Wenn wir uns dafür entscheiden, uns anders zu fühlen, entscheiden wir uns auch anders zu leben. Wir können in unserem Leben, ein Gefühl nach dem anderen ändern.

Wir sollten uns daran erinnern, dass Schuldzuweisungen und Verurteilungen in der Vergangenheit oder Gegenwart nicht unsere aktuelle Situation verändern. Wir müssen die Karten, die uns zugeteilt wurden, akzeptieren und eine Strategie entwickeln, wie wir mit ihnen am besten umgehen. Es spielt keine Rolle, wo wir uns gerade im Leben befinden. Wenn wir bereit sind, unsere Gedanken, Wörter und Taten zu verändern, können wir unsere Träume und Wünsche erreichen.

14 UMGANG MIT TIEFEM VERLUST UND SCHMERZ

Egal wie fortgeschritten wir sind, wenn etwas Tragisches passiert, sitzen wir nicht nur herum und fragen uns, welche Lehren wir daraus ziehen können. Manchmal halten wir nur am Leben fest und hoffen, dass wir das überstehen. Tragödien kommen in einer Unschärfe, oft begleitet von Hoffnungslosigkeit, falscher Ruhe und einer nebeligen Taubheit, die sich wie ein surrealer Traum anfühlt.

Das Letzte, was wir in solchen Situationen brauchen, ist die Info, dass alles in Ordnung sein wird. Oft wird es nämlich nicht mehr Ordnung sein, oder so, wie es bisher immer war. Viel wahrscheinlicher ist, dass alles anders sein wird und auch wir anders sein werden.

Es ist wichtig akzeptieren zu können, dass die Dinge nicht für immer so bleiben, wie sie sind. Wie bei allen Lektionen brauchen wir manchmal einfach etwas Pause vom Lernen. Manchmal brauchen wir einfach nur Zeit und Raum für uns selbst. Lernen können wir später immer noch. Manchmal ist alles was wir brauchen, ein Moment, um frei atmen und beten zu können, um der Situation mit Würde zu begegnen.

Manchmal ist das Einzige, was uns übrig bleibt, einen Atemzug nach dem anderen zu nehmen.

In Momenten wie diesen, scheint alles wie in Zeitlupe abzulaufen. Hoffnung scheint dann nur noch wie ein winziger Fleck am Ende eines schmalen Tunnels. Manchmal fühlen wir uns jenseits eines möglichen positiven Gedankens und wollen, dass alles einfach nur noch endet. Wir versuchen unsere Willenskraft zu nutzen, um vorwärtszukommen, um uns selbst aufzurichten, aber manchmal fallen wir erneut. Manchmal weinen wir bittere Tränen und manchmal ist unser Leiden einfach nur ein tiefes Schweigen.

Der Schmerz kann jeden ganz anders treffen. Es kann sein, das es keine Ermutigung geben wird. Es kann sein, dass es keine Antworten geben wird. Es kann sein, dass es keinen Grund, Logik oder Gerechtigkeit gibt. Manchmal wird es danach nie wieder wie vorher sein. Manchmal ist auch einfach nur Schmerz da.

Egal, wie schlecht die Dinge laufen werden. Egal, wie emotional es für uns wird. Es ist ein Teil unseres Lebens. Jedes Leben ist einzigartig, und voller unterschiedlicher Emotionen. Einige sind positiv, die anderen negativ.

Es wird sich unmöglich anfühlen, diesen Tiefpunkt zu überwinden. Es könnte die ganze Kraft erfordern, die in uns steckt. Und wenn wir alles gegeben haben, werden wir uns erholen, und uns befreit fühlen und entdecken, dass in uns noch so viel mehr steckte, als wir vorher geahnt haben.

15 WIR KÖNNEN NICHT JEDEN RETTEN

Sollten wir anderen helfen, wenn wir in der Lage dazu sind? Absolut. Wir sollten alles tun, was in unserer Macht ist. Wir sollten aber auch die Weisheit dazu haben, unsere Grenzen zu erkennen. Wir können nur Menschen helfen, die es wirklich wollen und bereit dazu sind.

Wir sollten niemals aufhören, unsere Liebe mit anderen zu teilen. Unser Leben ist aber nicht dazu bestimmt, eine Fußmatte für Schnorrer, Verlierer, Schwätzer, Neinsager, Traumbrecher, Energie-Vampire, Ausnutzer oder Drogenabhängige zu sein.

Einige kommen als Zweifelflüsterer, indem sie Samen von Zweifel in unseren Herzen platzieren, nur damit sie uns in Zeiten der Niederlage trösten können.

Einige kommen als ewige Opfer, die sich durch unsere ständige Aufmerksamkeit ernähren.

Menschen mit negativem Einfluss sind manchmal sehr gut getarnt und lassen sich nur schwer identifizieren. Wir sollten darauf achten, wie wir uns fühlen, wenn wir Zeit mit ihnen verbringen. Fühlen wir uns danach erschöpft und ausgelaugt, oder energievoll und inspiriert?

“Vom hinterhältigen Arbeitskollegen bis zur einmischenden Schwägerin, wir bestimmen, wie wir auf Menschen und Ereignisse in unserem Leben reagieren. Wir können zulassen, dass die Negativität unser Leben beeinflusst oder uns entscheiden, einfach glücklich zu sein.” — Anais Nin

Es gibt Menschen, die mit sich selbst nicht im Reinen sind und in schwierigen Situationen sich selbst und andere nicht verstehen können. Viele nehmen einen guten Rat nicht an, weil sie etwas brauchen, dass ihnen keiner geben kann: Entdeckung und Verständnis.

Alle sind irgendwo clever, die einen vorher und die anderen nachher. Es gibt Menschen, die bestimmte Erfahrungen selbst gemacht haben müssen, um die Lektion selbst entdecken und verstehen zu können.

Egal, wie sehr wir jemandem helfen wollen, müssen wir manchmal lernen loszulassen. Wir können Menschen nicht vor sich selbst retten. Manchmal ist alles, was wir können, geduldig und hoffnungsvoll abzuwarten.

“Wir können niemandem helfen, der sich nicht selbst hilft. Oft ist es freundlicher, Menschen ihre eigenen Lektionen und Erfahrungen machen zu lassen, während wir sie von der Seitenlinie so gut wir können unterstützen.” — Kate Spencer

Wir alle wollen anderen Menschen helfen. Es ist jedoch unmöglich anderen zu helfen, wenn die eigene Energie bereits vollkommen aufgebraucht ist. Ein guter Mensch zu sein, hat nichts damit zu tun, anderen zu erlauben uns zu zerstören. Es gibt Grenzen. Wir können anderen am besten helfen, wenn wir selbst stark sind.

Deshalb sollten wir nicht vergessen, in erster Linie gut zu uns selbst zu sein. Liebe deinen Nächsten wie dich selbst, beinhaltet die Liebe zu sich selbst. Wir sollten nicht vergessen, an uns selbst zu denken.

Wir können nicht jeden retten. Einige Leute sind dabei sich selbst zu zerstören, egal wie sehr wir versuchen ihnen zu helfen. Deren Leben ist häufig voller Leere, Chaos und Probleme. Und viele werden versuchen ihr Elend mit voller Kraft in unser Leben zu bringen, wenn wir es zulassen.

Es gibt aber auch diejenigen, die nach außen erfolgreich scheinen und sich selbst scheinbar nicht negativ beeinflussen. Diese Personen zerstören sich nicht selbst, sondern überleben, durch die Zerstörung von anderen. Das sind die Ausnutzer.

Beide Arten von Menschen können uns schaden und zu Boden reißen, wenn wir es zulassen. Dies ist unser Leben und wir haben das Recht und die Verantwortung gute Entscheidungen für uns selbst zu treffen.

"Wir können nicht erwarten ein positives Leben zu führen, wenn wir uns mit negativen Menschen umgeben." — Joel Osteen

Wir sollten uns vor negativen Denkmustern schützen. Wenn wir mit Drama, Tratschtaschen und Narren umgeben sind, müssen wir uns im Klaren sein, dass wir aktuell in der Gefahr stehen, auch so zu werden.

Wenn wir frei und glücklich sein wollen, sollten wir uns vor negativem Einfluss und negativen Menschen schützen. Eines der schnellsten Wege sein Leben grundlegend zu verändern ist, sich von negativen Menschen fernzuhalten.

Die eigentliche Zombieapokalypse sind Menschen mit schadenden negativen Denkmustern, die unsere Lebensenergie aussaugen möchten. Wenn wir in Kontakt mit solchen Menschen kommen, sollten wir um unser Leben rennen. Wir sollten umgehend in Sicherheit gehen und unser Gehirn von negativen Denkmustern befreien.

Wir sollten uns schützen, indem wir eine sichere Umgebung schaffen und uns an positiven Menschen ausrichten. Es kann passieren, dass wir in einigen Lebensbereichen zeitweise alleine gehen werden, bis wir Menschen finden, die uns aufbauen und motivieren. Zeitweise allein zu sein ist jedoch besser, als sich vor Angst allein zu sein, permanent mit negativen Menschen zu umgeben.

Gewisse Grenzen und Risikomanagement sind sehr wichtige Bestandteile eines gesunden und positiven Lebens. Sogar professionelle Therapeuten, Psychologen und Sozialarbeiter begrenzen die Zeit, in der sie ihren Klienten ausgesetzt sind.

Was lässt uns denken, dass wir eine unbegrenzte Menge negativer Menschen unbeschadet überstehen können?

Natürlich können wir auch weiterhin eine hilfsbereite und liebevolle Person sein, die sich gerne um andere kümmert. Wir sollten jedoch aufpassen, dass wir andere nicht unser Leben zerstören lassen. Wir sollten eine klare Linie ziehen und klar machen, was für uns akzeptabel und nicht akzeptabel ist.

"Die Gesellschaft, in der wir uns befinden, definiert uns nicht nur, sondern bindet auch. Strebe immer nach der Wahrheit." — Panache Desai

Wen wir in unser Leben, unsere Gedanken und unser Herz lassen, gehört zu den wichtigsten Entscheidungen in unserem Leben. Wir sollten uns die Menschen, mit denen wir die meiste Zeit verbringen genau anschauen. Mit wem wir dauerhaft unsere Zeit verbringen, zeigt, wer wir sind oder in Zukunft werden. Weniger Kontakt zu negativen und demotivierenden Menschen ist wichtig. Manchmal müssen wir loslassen, was wir kennen, um das zu entdecken, was wir noch nicht kennen.

Wir sollten mehr Kontakt mit Menschen pflegen, die uns aufbauen und uns unterstützen und an unser Potenzial glauben. Wir brauchen Menschen, die den positiven Lebensstil leben, den wir uns selbst wünschen. Wir können von ihnen lernen und uns gegenseitig ermutigen. Unsere neue positive und unterstützende Kraft wird uns stärken und uns ermöglichen, anderen so zu helfen, wie wir es uns nicht vorstellen konnten.

Sich um sich selbst zu sorgen, ist eines der besten Wege, anderen helfen zu können. Es ist niemals zu spät für uns. Es ist niemals zu spät wieder anzufangen, sich selbst wertzuschätzen. Es ist niemals zu spät das Leben zu führen, das wir uns immer gewünscht haben.

16 KEINE ANGST VOR FEHLERN, SIE GEHÖREN ZUM LERNPROZESS

"Es ist schwer etwas zu verändern, wenn wir ständig damit beschäftigt sind, Ausreden zu suchen." — Scott Stabile

Wir wissen, wie sehr uns alte verwurzelte Gewohnheiten schaden. Wir wissen, wie sehr unsere selbst sabotierenden Gedanken und unsere begrenzenden Überzeugungen uns lähmen. Wir wissen, wie oft wir über "Veränderung" und "an sich selbst arbeiten" sprechen, sich bisher jedoch nichts verändert hat.

Kein Aufschieben mehr. Keine Ausreden mehr. Unser Wille muss stärker als unsere Ausreden sein. Unser Wille muss stärker als unsere Ängste sein. Nichts Großartiges ist jemals durch Ausreden entstanden. Wir können uns nicht durchs Leben jammern. Lass deine Ausreden und Ängste liegen und bewege dich nach vorne.

Habe keine Angst vor Fehlern. Wir sollten uns nichts vormachen, jeder macht irgendwann Fehler.

Scheitern ist ein wesentlicher Teil des Erfolgsprozesses, aus dem wir lernen. Erfolgreiche Menschen sind erfolgreich, weil sie Fehler gemacht haben, aus denen sie gelernt haben. Scheitern, lernen, erholen, neu formieren und erneut versuchen. Es ist wichtig, im Reinen mit Fehlern zu sein und diese zu akzeptieren.

Vielleicht haben wir ein paar Fehler gemacht. Dadurch ist aber nicht unser ganzes Leben ein Fehler. Unser Leben ist ein Wunder und jeder Tag ein Geschenk. Veränderungen brauchen ihre Zeit. Es braucht Zeit, bis die Samen im Herzen anfangen zu wachsen. Zeit, um zu verstehen und zu verarbeiten. Zeit, um zu wachsen.

“Erfolg, bedeutet von Fehler zu Fehler zu gehen, ohne dabei die Begeisterung zu verlieren.” — Winston Churchill

Wir sollten aufhören, anderen gefallen und nicht enttäuschen zu wollen. Es wird immer passieren, dass wir jemanden aufgrund ihrer Erwartungen enttäuschen werden. Diese Enttäuschung ist jedoch völlig irrelevant. Was zählt, ist, ob wir das Richtige tun.

Von sich selbst enttäuscht zu sein ist nutzlos, wenn wir nicht daraus lernen und keine persönliche Veränderung einleiten wollen.

Wir müssen selbst ehrlich zu uns sein und neue Standards für uns selbst setzen. Wir benötigen dafür keine Erlaubnis, Bestätigung oder Verständnis von anderen. Wir tun es für uns selbst.

Wir sollten unsere negativen Selbstgespräche und begrenzten Denkmuster aufgeben. Die erste Reaktion eines Pessimisten ist Zweifel und anschließend Überraschung, wenn etwas doch erfolgreich wird. Die erste Reaktion eines Optimisten ist Vertrauen und anschließend Überraschung, wenn etwas nicht erfolgreich war.

Wir sollten aufhören Ausreden zu suchen, selbst zu verunglimpfen und uns etwas über unsere mangelnden Fähigkeiten vorzumachen.

Die Wahrheit ist: Wir können, wir werden und wir sind. Es wird sich nichts ändern, wenn wir uns nicht zu 100 Prozent dazu verpflichten.

Wir müssen uns auf das konzentrieren, was wir tun und nicht auf das, was wir nicht tun können.

Wir sollten bedenken, dass jede Veränderung seine Zeit braucht. Wenn wir zu hohen Druck auf uns und die Erreichung unserer Ziele setzen, werden wir schnell enttäuscht sein und vielleicht sogar aufgeben.

17 ALTEN VERHALTENSMUSTERN ENTKOMMEN

Manchmal erleben wir positive Erfahrungen und manchmal erleben wir negative Erfahrungen. Wir alle wollen ein schönes Leben. Es ist ganz natürlich, dass Menschen etwas erschaffen, etwas verändern und sich weiterentwickeln wollen. Es ist natürlich und gesund, dass wir bestimmte Fähigkeiten ausbauen wollen.

Das Problem für viele ist, dass sie in alten Verhaltensmustern gefangen sind. Es fällt ihnen schwer, alte Verhaltensmuster abzulegen und neue positive Verhaltensmuster aufzubauen, weil sie sich an bestimmte Denkmuster gewöhnt haben.

Eigentlich möchten alle ein fortgeschrittenes Leben führen und von Schönheit, Wohlstand und Reichtum umgeben sein. Beim Versuch sich weiterzuentwickeln, fallen jedoch viele in ihre alten Verhaltensmuster und Gewohnheiten zurück.

Es gibt verschiedene Gründe dafür, dass viele in ihrer Entwicklung stehen bleiben. Eine häufige Ursache dafür ist die

Art über sich selbst zu denken, oder alte eigene Geschichten, an die wir uns immer wieder erinnern und festhalten. Es gibt Menschen, die immer wieder alte Geschichten aus der Vergangenheit erzählen, wenn sie neue Menschen treffen.

Das kann eine Geschichte über eine alte Herausforderung, ein schreckliches Ereignis, welches sie erlebt haben, oder eine immer wiederkehrende Geschichte aus deren Vergangenheit sein.

Manchmal beinhalten diese Geschichten zwischenmenschliche Dramen in Form von sozialen, freundschaftlichen oder familiären "Kriegsgeschichten".

Sie erzählen sich immer wieder diese alten und negativen Geschichten, ohne zu merken, dass jedes Mal auch ein Teil ihrer selbst aus der Vergangenheit wiederbelebt wird. Wir erinnern uns durch die Geschichten an eine Person, die wir in Zukunft eigentlich nicht sein wollen.

Es ist also sehr wichtig, dass wir sehr vorsichtig mit alten Denkmustern und Geschichten über uns selbst umgehen. Diese Geschichten wirken scheinbar harmlos, stellen jedoch eine Art der Selbsthypnose dar.

Über was wir reden, hat einen enormen Einfluss auf unser Leben. Zum weisen Sokrates kam einmal einer gelaufen und sagte: "Höre Sokrates, das muss ich dir erzählen!"

"Halte ein!" - unterbrach ihn der Weise, "Hast du das, was du mir sagen willst, durch die drei Siebe gesiebt?"

"Drei Siebe?", fragte der andere voller Verwunderung.

"Ja guter Freund! Lass sehen, ob das, was du mir sagen willst, durch die drei Siebe hindurchgeht: Das Erste ist die Wahrheit. Hast du alles, was du mir erzählen willst, geprüft, ob es wahr ist?"

"Nein, ich hörte es erzählen und..."

"So, so! Aber sicher hast du es im zweiten Sieb geprüft. Es ist das Sieb der Güte. Ist das, was du mir erzählen willst gut?"

Zögernd sagte der andere: "Nein, im Gegenteil..."

"Hm...", unterbracht ihn der Weise, "so lass uns auch das dritte Sieb noch anwenden. Ist es notwendig, dass du mir das erzählst?"

"Notwendig nun gerade nicht..."

"Also", sagte lächelnd der Weise, "wenn es weder wahr noch gut noch notwendig ist, so lass es begraben sein und belaste dich und mich nicht damit."

Wir sollten uns die Geschichten, die wir erzählen gut aussuchen. Negative Geschichten, die nicht dazu beitragen, dass wir uns in der Gegenwart gut fühlen und in der Zukunft entwickeln, sind nicht hilfreich und sollten lieber nicht jedes Mal auf den Tisch gelegt werden. Wir sollten uns lieber auf Geschichten und Ereignisse konzentrieren, welche positive Erlebnisse beinhalten, die uns motivieren und strahlen lassen.

"Lass alles weg, was dir in deiner Lebensgeschichte nicht gefällt und behalte die Dinge, die du liebst. Wenn wir an negativen Ereignissen aus der Vergangenheit festhalten, bringen wir sie jedes Mal wieder ans Licht, wenn wir uns an sie erinnern. Einfach loslassen." — Rhonda Byrne

Wenn wir dabei sind, unser Leben zu verändern, kann es passieren, dass alte Freunde oder auch Familienmitglieder ein Problem mit unserer Veränderung haben, weil sie nur unser “altes Ich” kennen und akzeptieren. Es kann passieren, dass sie unser “neues Ich”, das wir anstreben, noch gar nicht erkennen oder akzeptieren.

Einige Menschen wollen sich gar nicht weiterentwickeln. Und einige dieser Menschen mögen es nicht, wenn sie sehen, dass sich jemand aus ihrem Bekanntenkreis weiterentwickelt. Sie verspüren eine innere Unruhe, dass es demjenigen dann vielleicht besser als ihnen selbst gehen könnte.

Während wir versuchen uns zu verändern, neigen diese Menschen dann dazu, uns an negative Dinge zu erinnern, die wir vielleicht mal gemacht haben oder holen Situationen hervor, in denen wir uns nicht richtig verhalten haben.

Manchmal können uns diese Personen auch dazu ermutigen, in unser altes Verhaltensmuster zurückzukehren und den Prozess der Veränderung aufzugeben, weil sie einen Teil von uns nicht aufgeben wollen. Manchmal wollen sie bewusst oder unbewusst auch sehen, wie wir scheitern.

Die meiste bedrohliche Negativität kommt jedoch von uns selbst in Form von Zweifel, Ängsten und unverständlicher Selbstkritik.

Übermäßige Selbstkritik ist eine schlechte Gewohnheit und außerordentlich selbstzerstörend.

Stellen wir uns einen Tyrann vor, der alle Dinge kennt, die wir in der Vergangenheit gemacht haben. Alle Fehler in der Vergangenheit oder zukünftige Dinge, die wir angeblich nicht erreichen können. Wir müssen aufpassen, dass wir selbst nicht zu dieser Art Tyrann werden.

Es gibt einige Dinge, die wir tun können, um uns weiterzuentwickeln und alte negative Gewohnheiten loszulassen, um das Leben zu führen, das wir für uns wünschen.

- Umgib dich mit schönen und positiven Menschen, welche dich lieben und an dich und an das positive Leben glauben, das vor dir liegt.

- Lerne negative Selbstkritik und negative Denkmuster zu erkennen, und sofort zu stoppen.

- Hör auf, alte oder sogenannte "witzige" Geschichten über dich zu erzählen.

- Sei ein sehr sorgfältiger Konsument. Prüfe alles, was du in dich und deine Denkmuster hineinlässt. Dazu gehören Gespräche, Bücher, TV-Shows und Situationen in deiner Umgebung, welche negative Lebensmuster oder begrenztes Denken hervorrufen. Der Spruch "Du bist, was du isst." bezieht sich nicht nur auf den Körper, sondern auch auf unsere Wahrnehmung. Achte darauf, was du deinem Körper zuführst. Iss gesunde, natürliche und nährstoffreiche Lebensmittel.

- Erschaffe und pflege eine schöne Umgebung, in der du lebst. Halte deine Umgebung ordentlich und sauber. Lass Sonnenschein und Licht in deine Räume. Öffne die Fenster für frische Luft. Reduziere unnatürliche Hintergrundgeräusche, wie TV oder Radio. Fülle deinen Raum mit wunderschöner Musik oder natürlichen Klängen, die dich motivieren, anregen und inspirieren.

- Sei, soviel es geht, körperlich aktiv. Selbst, wenn es jeden Tag nur ein kurzer Spaziergang ist. Schon ein wenig Bewegung hat einen starken Einfluss auf unseren Körper und unseren Verstand. Bewegung aktiviert unsere Körperfunktionen. Vom Immunsystem über das Kreislaufsystem bis zum Verdauungssystem. Bewegung aktiviert unsere Sinne.

- Verbringe deine Zeit mit Menschen, die dich akzeptieren, mit dir lachen und mit dir feiern. Jedes Mal, wenn wir mit anderen eine schöne gemeinsame Zeit verbringen, baut es uns auf und spendet neue Kraft. Angenehme soziale Interaktion, Gemeinschaft und gemeinsames Lachen haben eine heilende Wirkung für Körper und Geist.

- Schreib deine Ziele auf. Ein Ziel, das nicht niedergeschrieben ist, ist kein Ziel. Es wird erst wahr, wenn wir es niederschreiben. Schau dir deine Ziele täglich an und nutze sie als einen Kompass.

18 HÖR AUF DICH SCHLECHT ZU BEHANDELN. SEI GUT ZU DIR.

Es gibt nichts Schlimmeres als einen tückischen Heuchler, der uns in den Rücken fällt. Es ist schwierig zu vertrauen, wenn es schon einmal passiert ist. Ein Verrat durch eine Person, welcher wir vertrauen, kann sehr schmerzvoll sein und uns Ängste und Schmerzen bereiten.

Stellen wir uns nur einmal vor, dass eine nahestehende Person hinter unserem Rücken redet. Diese Person redet über unsere Fehler und prognostiziert unser Scheitern in der Zukunft und untergräbt unsere Bemühungen. Diese Person ist gut informiert und kennt alle unsere gemachten Fehler und weiß, wie es diese Fehler gegen uns verwenden kann. Ein Verräter mit zwei Gesichtern und einer Zunge, wie ein zweischneidiges Schwert.

Noch schlimmer wird es, wenn diese Person uns wirklich sehr nahe steht. Was wäre, wenn dieser Verräter wir selbst wären? Ja, genau wir. Die Stimme in unserem Kopf, die uns flüstert "Du bist nicht gut genug.", oder, "Das hast du nicht verdient.", oder "Du kannst es nicht.".

Vielleicht ist es auch etwas unterschwelliger, wie "Was werden die Leute denken?". Vielleicht ist es auch ein ständiges Aufschieben, "Versuch es später, es gibt immer ein Morgen." Dann gibt es noch die härteste Variante, "Du bist fett. Du bist dumm. Du bist ein Verlierer. Ich hasse mich selbst."

"Die Sprache, die wir in unseren Gedanken sprechen, bestimmt, die Welt, die wir erschaffen. Wir müssen eine neue Sprache sprechen, wenn wir eine neue Welt erschaffen möchten." — Julie Parker

Ein wohlbekannter Sprecher startete einmal sein Seminar, indem er einen Scheck von 40 Euro hochhielt. In dem Raum saßen insgesamt 200 Leute.

Er fragte: "Wer möchte diesen Scheck haben?"

Alle Hände gingen hoch.

Er sagte: "Ich werde diesen 40 Euro Scheck einem von euch geben, aber zuerst lasst mich eins tun."

Er zerknitterte den Scheck. Dann fragte er: "Möchte ihn immer noch einer haben?"

Die Hände waren immer noch alle oben.

Also erwiderte er: "Was ist, wenn ich das tue?" Er warf ihn auf den Boden und rieb den Scheck mit seinen Schuhen am dreckigen Untergrund. Er hob ihn auf, den Scheck; er war zerknittert und völlig dreckig.
"Nun, wer möchte ihn jetzt noch haben?"

Es waren immer noch alle Arme in der Luft.

Dann sagte er: “Liebe Freunde, wir haben soeben eine sehr wertvolle Lektion gelernt. Was auch immer mit dem Geld geschah, ihr wolltet es haben, weil es nie an seinem Wert verloren hat. Es war immer noch und stets 40 Euro wert.”

Es passiert oft in unserem Leben, dass wir abgestoßen, zu Boden geworfen, zerknittert, und in den Dreck geschmissen werden. Das sind Tatsachen aus dem alltäglichen Leben.

Dann fühlen wir uns, als ob wir wertlos wären. Aber egal was passiert ist oder was passieren wird, wir werden niemals an Wert verlieren. Schmutzig oder sauber, zerknittert oder fein gebügelt, wir sind immer noch unbezahlbar für all jene, die uns über alles lieben.

Vielleicht hast du dich selbst nie als Tyrann oder Saboteur gesehen. Aber vielleicht sind wir das zu uns selbst. Es kann passieren, dass unsere Gedanken die schlimmsten Tyrannen in unserem Leben sind.

Übermäßige Kritik über uns selbst ist, wie permanent verfolgt und negativ gemobbt zu werden. Das Schlimmste daran ist, dass wir diese Art von Negativität nicht einfach abschütteln können. Wir können uns jedoch weiterentwickeln.

Wir sollten mit unserem inneren Kritiker Frieden schließen. Wir sollten unser Leben nicht als unser größter Gegner leben. Gehe vor einen Spiegel, schau dir in die Augen und versöhne dich mit dir.

Versprich dir, dass du seit diesem Tag unbegründete Zweifel oder Ängste ein für alle Mal hinter dir lässt.

Jegliche Art von Heilung und Wachstum ist ein Prozess und benötigt seine Zeit. Wir sollten jedoch beginnen, unsere Großartigkeit zu sehen und zu schätzen.

Tief im Herzen wissen wir, dass wir gut sind. Unser tiefstes Inneres weiß, dass wir es verdient haben. Wir wissen, dass wir in der Lage dazu sind. Jedes Wort, das wir aussprechen ist wie ein Gebet. Sprich freundlich zu und von dir.

Wenn die zweifelnde Stimme anfängt zu flüstern, dreh die Lautstärke der Hoffnung auf und geh.

Wir sollten uns daran erinnern, dass unser Leben einzigartig ist. Wenn wir wirklich erkennen und akzeptieren, dass jeder Moment, jede Person und jede Lektion in unserem Leben einen Zweck hat, können wir unser volles Potenzial entwickeln und ein Leben voller Gnade, Dankbarkeit und atemberaubendem Glanz erleben.

19 KONFLIKTE MEISTERN

Konflikt ist ein natürlicher Bestandteil unserer Existenz. Jeder Organismus kämpft ums Überleben. Jeder muss irgendwann für etwas einstehen oder "kämpfen".

Einigen passiert das häufiger als anderen, und vielen passiert es unnötigerweise. Kraft und Einsatz helfen uns manchmal, eine Herausforderung zu meistern. Meistens jedoch nicht ohne Schmerzen oder sich in dem Prozess zu erschöpfen.

Brachialer physischer, intellektueller und emotionaler Konflikt verursacht häufig einen bestimmten Kollateralschaden. Wie zum Beispiel einen Wasserschaden beim Löschen eines Brandes.

Es gibt jedoch auch elegantere Möglichkeiten, um mit Konflikten umzugehen. Mit einer geistigen Reife beginnen wir, Konflikte weniger aus einer egoistischen und egozentrischen Weise zu betrachten. Wir werden erkennen, dass es unterschiedliche Wege gibt, auf etwas zu reagieren. Es gibt einen vorurteilsfreien Weg, um in und durch Konflikte zu fließen, anstatt sich zu stoßen.

Widerstand kann oft sehr sinnvoll sein. Wir sollten dabei jedoch nicht unbeweglich sein. Hier können wir vom Wasser lernen. Es fließt einfach. Wir müssen nicht gewinnen. Wir müssen nicht richtig liegen. Wir müssen nicht immer anderen Lektionen erteilen.

Manchmal sind Ruhe, Geduld und Gelassenheit das, was andere von uns lernen können. Wir sollten weise sein. Sehr oft ist es weise, sich aus bestimmten Konflikten einfach herauszuhalten.

Zeit ist ein großartiger Lehrer. Stille ist ein meisterhafter Lehrer. Oft kann es besser sein, zuzuhören, anstatt zu reden. Unsere Stille könnte ein Statement zu dem Gesagten eines anderen sein.

Aber egal was wir tun, sollten wir es immer in Liebe tun. In allem was wir tun, ist Liebe der Schlüssel.

Wenn jemand bösartig zu uns ist, dann gibt derjenige uns nur einen Einblick in die Schmerzen, die er selbst in sich trägt. Bösartigkeit ist Leiden. Die Art, wie wir darauf reagieren, verstärkt deren Schmerz oder hilft ihnen, ihn loszulassen.

Sei sanftmütig, wann immer du kannst. Wenn wir selbst stark und sicher in uns selbst sind, dann helfen wir anderen mit unserer ruhigen Art. Wir können einfach weniger auf Provokationen reagieren. Wir können freundlich zu uns selbst und zu anderen sein.

Wir können damit beginnen, negative und reaktive Gewohnheiten Stück für Stück abzulegen. Anstatt bestimmte Dinge anzunehmen, was häufig nur Schmerzen und Leid verursacht, sollten wir offen und neugierig auf die Dinge zugehen und freundlichen Umgang erwarten.

Wir sollten lernen, leicht zu sein. Es ist wirklich schwer, eine schwebende kleine Feder in der Luft zu fangen. Sobald wir versuchen sie in der Luft zu greifen, gleitet sie geschmeidig an unserer Hand vorbei. Umso stärker wir versuchen sie zu greifen, desto weiter weg treibt sie der Wind.

In unserem Herzen und unserer inneren Einstellung sollten wir so leicht wie eine Feder sein. Wenn dann jemand versucht, uns zu greifen, gleiten wir durch den Wind, den sie erzeugen geschmeidig daran vorbei. Wir werden ohne große Mühe in Sicherheit gleiten.

Sei so leicht wie die Feder. Habe ein Lächeln der Ruhe in deinem Herzen. Sei friedvoll. Wenn wir in Frieden und Liebe wandeln, sehen wir unsere Angreifer, wie sie sich selbst an unserer Ruhe zerschlagen. Sie werden sich selbst besiegen.

Wir sollten uns daran erinnern: Bevor wir das nächste Mal aus Gewohnheit auf etwas reagieren, einfach zu stoppen und stattdessen ruhig ausgeglichen, klar und bedacht zu sein.

20 WENN WIR UNSER LEBEN ANDERS HABEN WOLLEN, SOLLTEN WIR ANDERS AUF UNSER LEBEN REAGIEREN.

Wir bekommen im Leben nicht immer die besten Karten. Manchmal geraten die Dinge auch außer Kontrolle. Es gibt jedoch einfache Wege, um einige der wiederkehrenden Probleme und Herausforderungen umzukehren.

Wir alle haben schon Sätze gehört, wie "Man erntet, was man sät." oder "Das Gesetz der Anziehung". Beide Prinzipien heben die persönliche Verantwortung hervor, die für uns wichtig ist.

Unsere innere Einstellung und wer wir sind, wie wir auf andere reagieren und wie wir uns präsentieren hat einen direkten Einfluss auf unser Leben. Sie haben Einfluss auf so gut wie jeden Bereich in unserem Leben.

Wir können uns nicht vor uns selbst verstecken. Unsere ungelösten Probleme werden immer wieder Erfahrungen und Ereignisse hervorrufen, die uns das beibringen, was wir noch zu lernen haben.

Wenn unser Leben wie eine anhaltende Katastrophe scheint, dann nur, weil wir selbst eine sind. Es gibt keinen Weg daran vorbei. Die meisten Probleme entstehen nicht, weil uns schlechte Dinge widerfahren. Schlechte Dinge erlebt jeder auf unterschiedliche Weise. Jeder steht früher oder später vor wirklich ernsthaften Herausforderungen.

Die anhaltenden Probleme entstehen und bleiben häufig aufgrund unserer Reaktionen. Wenn wir das Leben anders haben wollen, sollten wir anfangen, anders auf unser Leben zu reagieren.

Die Frage, die wir uns wirklich stellen sollten, ist: Warum wähle ich Situationen und Menschen, die mir Risiken, Trauer und Schmerzen hervorbringen?

Warum tun wir uns das an? Wir wählen diese Dinge, weil wir in dem Moment oft das sind, was wir sind. Gleiches zieht Gleiches an. Fehlfunktion führt zu Fehlfunktion.

Es geht um unsere tiefste Kernidentität, unser Selbstwertgefühl, unsere geistige und intellektuelle Entwicklung. Wenn wir mehr wollen, dann müssen wir mehr sein. Wenn wir besser sein wollen, dann müssen wir besser sein.

In einfachen Worten ist es genau so, wie es funktioniert. Wenn wir ein Stirnrunzeln tragen, werden wir mehr gerunzelte Stirne sehen. Wenn wir selbst ein Lächeln auf unseren Lippen tragen, werden wir mehr lächelnde Gesichter sehen. Wenn wir fleißig und gebildet sind, ziehen wir fleißige und gebildete Freunde an und stoßen unwissende Schnorrer ab.

Wenn wir uns selbst lieben, ziehen wir mehr Menschen an, die sich selbst lieben und mit sich selbst im Reinen sind. Wenn wir eine gesunde Person sind, werden mehr gesunde Menschen in unserem Leben erscheinen. Wer wir sind, formt unsere sogenannte “Realität”.

Wenn wir uns verändern, verändert sich alles um uns herum. Das ist genau das, was der Satz “Sei du die Veränderung.” bedeutet. Das ist das, worum es beim sogenannten Gesetz der Anziehung geht. Das ist die Basis unserer Verantwortung. Wir werden immer das erhalten, was wir in dem Moment sind, und aus was unsere Wahrnehmung, Urteile und innere Einstellung bestehen.

“Was wir glauben, beeinflusst direkt, wie wir uns fühlen und verhalten. Wenn unsere Überzeugung etwas anderes als Liebe ist, sollten wir eine andere Überzeugung wählen. Egal auf welchem Level.” — J. René Peña

Möglichkeiten und Chancen entstehen durch die aufsteigende Leiter unseres Bewusstseins. Indem unser Bewusstsein und unsere Reinheit des Herzens zunehmen, werden wir uns verändern. Wir werden seltener bestimmte Dinge bewerten und weniger reaktiv, weniger kritisch, weniger zurechtweisend, weniger beschuldigend und weniger aufgeregt auf die Fehler und Ansichten anderer reagieren.

Umso mehr Liebe unser Handeln bestimmt und umso mehr sich unser Herz dafür öffnet, desto mehr Licht des Mitgefühls, der Akzeptanz, der Freundlichkeit, der Gnade und des Verständnisses wird hereingelangen.

Mit unserer Weiterentwicklung werden wir weniger Dingen zustimmen oder absagen. Wir werden erkennen, was uns alles angeboten wird und sanft hindurchgleiten und uns nur für das entscheiden, was wir wirklich benötigen.

Umso bewusster uns das alles wird, desto mehr werden wir uns auf unsere eigene Entwicklung konzentrieren. Wir werden anfangen, uns auf unser eigenes Leuchten zu konzentrieren.

Wie eine Kerze in einem Raum kümmern wir uns nicht um die umgebende Dunkelheit, sondern nur auf das eigene Leuchten. Wo Licht ist, kann keine Finsternis sein.

Mit jedem weiteren Schritt werden wir Belanglosigkeit, Zank und die ständige Korrektur anderer als unnötig ansehen. Wir werden feststellen, dass die einzige Person, die etwas ändern kann, wir selbst sind. Wir lehren andere am besten mit unserem eigenen Verhalten.

“Als ich angefangen habe mich selbst wertzuschätzen, habe ich mich von allem befreit, was nicht gut für mich ist - Essen, Menschen, Dinge, Situationen und alles, was mich nach unten oder von mir weg zieht. Am Anfang habe ich dies gesunder Egoismus genannt. Heute weiß ich, es ist Liebe.” - Charlie Chaplin

Unser Leben ist nicht dazu bestimmt, mit Drama und Schmerz gefüllt zu werden. Und wenn das der Fall ist, dann ist etwas nicht richtig. Natürlich passieren auch guten Menschen schlimme Dinge. Viele der Probleme sind jedoch Resultate unseres eigenen Denkens und Handelns.

Auch wenn wir nicht jedes einzelne Problem selbst ausgelöst haben, tragen wir häufig dazu bei, dass die Probleme am Leben erhalten bleiben. Unsere Schwierigkeiten lassen sich sehr gut an unserem eigenen Widerstand messen. Solange wir versuchen dagegen anzuhalten, wird die Last bestehen.

Jeder negative Gedanke, geheimer Hass und zynisches und bösartiges Urteil fallen nur auf uns selbst zurück. Wir sind die Quelle unserer Schmerzen und die Quelle unserer Heilung.

Selbst wenn uns jemand tief verletzt, entscheiden wir, wie wir damit umgehen: Kampf, Widerstand, Leugnung oder Vergebung. Der Zyklus von Schmerz verwundet jeden Beteiligten. Sowohl das Opfer als auch den Angreifer.

Die meisten Probleme existieren aufgrund unseres harten Herzens und unserer Arroganz. Es muss jedoch nicht hart sein. Wir können es verändern, indem wir bewusster und positiver handeln. Unser Leben wird sich dadurch zum Positiven verändern.

Niemand kann es für uns besser machen. Es liegt nur in unserer Hand. Entweder bleiben wir unter der Last oder wachsen in der Liebe und leben in Anmut und Leichtigkeit.

Das Leben, das wir wollen, will uns nicht, bis wir es wirklich wert sind. Nur wir können bestimmen, ob wir es wert sind.

Wir sollten uns daran erinnern: Wir haben mehr Zeit und Energie, wenn wir aufhören, uns Sorgen zu machen und unsere Zeit damit verschwenden, andere zu verändern.

21 MEHRWERT IST DER AUSWEG AUS DER FALLE

Wenn wir uns gefangen fühlen, sollten wir aufhören, über die Falle nachzudenken und anfangen, über unseren Wert nachzudenken. Das Leben schätzt Mehrwert. Mehrwert ist unser Ausweg.

In dieser Welt sollte jeder am besten einige Fähigkeiten besitzen. Es klingt vielleicht hart oder unfair. Aber das ist nun mal so, wie es ist. Die Welt und die Menschen darin haben keinen Gebrauch und Respekt für "Ich-kann-nichts-Menschen".

Wir sollten der Welt und den Menschen jedoch keinen Vorwurf machen, sondern schauen, dass wir in verschiedenen Bereichen wachsen: Lies alles, was du in die Hände bekommst. Höre aufmerksam zu und lerne. Eigne dir verschiedene Fähigkeiten an, die dich interessieren. Baue eine Fähigkeit aus und versuche, diese sehr gut zu beherrschen. Lass dein Handeln, deine Ergebnisse und deine Fähigkeiten für dich sprechen. Sei entschlossen.

Diese Welt ist voller Möglichkeiten. Vielleicht ist es Zeit sich neu zu erfinden und es erneut zu versuchen. Bleib am Ball. Versuch nicht der Welt oder dir selbst etwas vorzumachen, was du nicht zu bieten hast. Wir müssen einen gewissen Mehrwert in uns entwickeln, um uns nach vorne zu bewegen. Wenn wir uns gefangen fühlen, sollten wir aufhören über die Falle nachzudenken und uns Gedanken über unseren Wert machen. Das Leben schätzt Werthaftigkeit. Mehrwert ist der Ausweg.

Wollen wir vorankommen und aufblühen? Was haben wir der Welt zu geben. Wollen wir im Garten des Lebens wachsen und gedeihen? Die Gärtner des Lebens zupfen das Unkraut und kümmern sich um die produktiven und wertvollen Pflanzen.

Die Qualität unseres Lebens hängt von der inneren Einstellung und von dem, was wir zu bieten haben ab. Indem wir ein Geschenk im Leben anderer werden, beginnen wir immer ausreichend zu empfangen.

Wünschen wir uns mehr Chancen, sollten wir Chancen für andere werden. Indem wir uns selbst weiterentwickeln, entwickeln sich auch unsere Chancen. Es ist so einfach. Wir sollten anfangen, an uns selbst zu arbeiten.

Umso intensiver wir uns selbst verändern, desto mehr werden sich die Dinge um uns herum mitverändern. Und das ohne, dass wir etwas dafür tun müssen. Wir sind das Rohmaterial unserer eigenen Zukunft.

Beginne etwas zu erschaffen, beginne zurückzugeben, beginne fürsorglich zu sein und dich, um neue Dinge zu kümmern. Was werden wir teilen?

22 JEDE ART VON WACHSTUM SETZT LIEBE VOR ANGST

Angst ist ein Dieb, weil sie uns beraubt, bevor wir begonnen haben.

Angst lässt uns klein und kraftlos fühlen. Angst ist das heimtückischste und am meisten erstickende Gefühl. Wie viele beeindruckende Menschen sind dadurch schon verwelkt und verschwunden, bevor die Welt die Gelegenheit hatte, ihre Gaben und Talente jemals kennenzulernen.

Angst ist für unser Leben paralysierend. Wenn wir Angst vor Scheitern, den Urteilen anderer, Einsamkeit oder Ablehnung haben, gehen wir auf Nummer sicher. Wir handeln vorsichtig, um den "Schmerz" zu meiden.

Wenn wir ängstlich sind, lassen wir uns vorsichtig treiben und versuchen die Dinge so zu belassen, wie sie sind. Egal, wie sehr wir uns bemühen nichts zu verändern, sind Veränderungen ein unvermeidlicher Bestandteil unseres Lebens.

Selbst keine Veränderung kann eine unwahrnehmbare Veränderung sein, weil Inaktivität uns langsam von dem trennt, was wir hätten sein können und von dem, was wir niemals sein werden. Es kann sehr hart sein, sich seinen Ängsten zu stellen.

Es kann eine Qual sein, von seinen eigenen Ängsten gefangen gehalten zu werden, obwohl man frei und in vollem Einklang mit seinen Hoffnungen leben möchte. Es fühlt sich wie Krabbeln an, obwohl wir eigentlich laufen und springen wollen.

Doch trotz innerer Leidenschaft, Hoffnung, Glauben und Entschlossenheit können wir immer noch die innere Unruhe fühlen, die uns verunsichert und sagt, dass wir beim Versuch unsere Träume zu erreichen, scheitern könnten. Das ist der Einfluss, den Angst hat. Angst ist ein Dieb, weil sie uns ausraubt, bevor es eigentlich beginnt.

"Liebe ist das, womit wir geboren sind. Angst ist das, was wir gelernt haben. Geistiges Wachstum ist das Verlernen von Angst und Vorurteilen sowie die Akzeptanz von Liebe in unseren Herzen. Liebe ist die wesentliche Realität und unser Ziel auf Erden. Sich dem bewusst zu sein, und die Liebe in uns und anderen zu erfahren, ist die Bedeutung des Lebens. Bedeutung liegt nicht in materiellen Dingen. Die Bedeutung liegt in uns." — Marianne Williamson

Das Potenzial unserer Lebenserfahrung schrumpft oder wächst entsprechend unserer Fähigkeit zu lieben. Liebe erweitert und öffnet. Liebe ist mutig. Liebe ist stark. Liebe erhebt und umarmt das Leben. Liebe steht auf und geht nach vorne.

Wir können nicht vermeiden, was wir fürchten, weil die Angst in uns drin ist. Angst scheint uns zu verfolgen und nicht loszulassen, weil es in uns ist. Wenn wir unseren Ängsten gegenübertreten, stehen wir uns selbst gegenüber.

In dem Moment, in dem wir uns mit unseren Ängsten konfrontieren, machen wir klar, dass wir bereit für das Leben und die Liebe sind. Indem wir bewusst leben, wird das schon ohnehin kostbare Leben, Tag für Tag wertvoller.

Wenn wir uns und unser Leben lieben, werden wir uns und die Möglichkeiten des Lebens erforschen. Nur, wenn wir uns dazu entscheiden, wirklich intensiv zu leben, können wir frei von unseren Ängsten sein. Und nur, wenn wir frei von unseren Ängsten sind, können wir wirklich leben.

Wachse in der Liebe. Lass die Leidenschaft und den Mut in dir anschwellen, bis kein Raum für Angst ist. Das ist unsere Zeit, um unser Leben voll und ganz zu leben.

Wir sollten uns daran erinnern, dass Veränderungen in dem Moment kommen, in dem wir auch den Mut dazu haben.

23 KEINE EXTERNE SACHE KANN UNS JEMALS GLÜCKLICH MACHEN ODER VERVOLLSTÄNDIGEN

"Das Geheimnis für lang anhaltende Zufriedenheit ist heute glücklich zu sein." — Shaun Proulx

Keine Sache von außerhalb kann uns wirklich glücklich machen oder vervollständigen. Solange wir darauf warten, dass uns etwas glücklich macht, werden wir niemals glücklich sein. Erwartungen schaffen Enttäuschungen. Etwas Externem nachzujagen, was uns glücklich machen soll, ist die Todesfalle für die persönliche Entwicklung.

Die Grundlage für eine erfüllte Unabhängigkeit ist die Zufriedenheit mit sich selbst. Wir selbst sind bereits genug, und alles, was von außerhalb kommt, ist zusätzlicher Segen.

"Es liegt immer nur an uns. Das ist die größte Lektion. Wie wir die Welt wahrnehmen, wird von dem bestimmt, wie wir über uns selbst denken und fühlen. Und das in jedem Moment." — Katrina Cavanough

Das Glück und die Zufriedenheit, die wir suchen, ist von der eigenen Geisteshaltung abhängig. Jeder Moment der Dankbarkeit ermöglicht uns, die gesamte Schönheit zu sehen, die uns umgibt. Jeder Schritt auf dem Weg der Dankbarkeit bringt uns einen Schritt näher zu unserem schönsten Leben.

Das Geschenk des Lebens umgibt uns in jedem Moment. Selbst in Momenten, die unbedeutend und unangenehm erscheinen. Wir sind in dem Moment gesegnet, in dem wir verstehen, dass wir es bereits sind. Wir können den wunderschönen Weg gehen, der bereits vor uns liegt.

Nimm dir einen Moment, um dir etwas Schönes in deinem Leben bewusst zu machen. Finde etwas Schönes und etwas Schönes wird dich finden.

24 REIN UND FREI IM JETZIGEN MOMENT

"Eine Möglichkeit die Vergangenheit daran zu hindern, unsere Zukunft zu beeinflussen, ist aufzuhören zu glauben, dass es das wird." — Dr. Charles Glassman

Wir müssen in unserem jetzigen Leben rein und frei werden und uns von dem Ballast der Vergangenheit befreien. Auf wie viele Stimmen und Meinungen hören wir, wenn wir im Bett liegen, und versuchen uns zu entspannen?

Wenn wir daran denken einen Schritt vorwärtszugehen, den wir eigentlich schon Jahre zuvor gehen sollten. Welche negativen Erinnerungen und Ängste fangen an, uns herunterzureißen? Diese Zweifel und Ängste müssen aufhören. Lass die Vergangenheit die Vergangenheit sein. Es ist wirklich an der Zeit. Nimm dir die Zeit, die du brauchst, entrümple alles, was dich festhält und dir wird klar, was du zu tun hast.

"Es gibt Zeiten, in denen wir das Gefühl haben, dass unser gesamtes Leben auseinanderfällt, obwohl es oft tatsächlich zusammenfällt." — Erica Taxin Bleznak

Das was wir brauchen, ist ein klarer, sauberer und ruhiger Ort in unserem Kopf. Nur, weil vieles um uns herum scheinbar auseinanderfällt, bedeutet es nicht, dass wir auseinanderfallen. Wenn alles verrückt und durcheinander scheint, bleib ruhig. Wir sollten nicht zulassen, dass das Chaos, das uns umgibt, unseren inneren Frieden und unser klares Denken beeinflusst.

Alles beginnt damit, dass wir uns akzeptieren und wertschätzen. Wahre Liebe öffnet unsere Herzen für das nicht liebenswerte. Echte Dankbarkeit dankt auch, wenn die Dinge mal nicht perfekt laufen. Echte Großzügigkeit ist teilen, auch wenn man selbst nur wenig davon hat. Echter Mut macht mit echtem Glauben das Unmögliche möglich. Somit ist in allem, was wir tun Liebe der Schlüssel. Sei jetzt dankbar. Sei großzügig und gut zu dir selbst. Habe Vertrauen und lass dich von Sorgen und Unzufriedenheit nicht gefangen nehmen. Lass die Besorgnis, die Panik und den Stress los. Atme.

Wir sollten uns daran erinnern, wie oft wir schon Schwierigkeiten gemeistert haben, die anfangs unmöglich schienen, oder wie oft wir im letzten Moment vor etwas gerettet wurden. Das wird diesmal nicht anders sein. In der Ruhe steckt unsere Klarheit und Sicherheit.

25 MACH DIR KEINE SORGEN DARÜBER, WAS ANDERE ÜBER DICH DENKEN

Ein Vater zog mit seinem Sohn und einem Esel in der Mittagsglut durch die staubigen Gassen. Der Vater saß auf dem Esel, den der Junge führte.

"Der arme Junge.", sagte da ein Vorübergehender. "Seine kurzen Beinchen versuchen, mit dem Tempo des Esels Schritt zu halten. Wie kann man so faul auf dem Esel herumsitzen, wenn man sieht, dass das kleine Kind sich müde läuft."

Der Vater nahm sich dies zu Herzen, stieg hinter der nächsten Ecke ab und ließ den Jungen aufsitzen.

Gar nicht lange dauerte es, da erhob schon wieder ein Vorübergehender seine Stimme: "So eine Unverschämtheit. Sitzt doch der kleine Bengel wie ein Sultan auf dem Esel, während sein armer, alter Vater daneben herläuft."

Dies schmerzte den Jungen und er bat den Vater, sich hinter ihn auf den Esel zu setzen.

“Hat man so was schon gesehen?”, keifte eine Frau, “Solche Tierquälerei! Dem armen Esel hängt der Rücken durch, und der alte und der junge Nichtsnutz ruhen sich auf ihm aus, als wäre er ein Diwan. Die arme Kreatur!”

Die Gescholtenen schauten sich an und stiegen beide, ohne ein Wort zu sagen, vom Esel herunter.

Kaum waren sie wenige Schritte neben dem Tier hergegangen, machte sich ein Fremder über sie lustig: “So dumm möchte ich nicht sein. Wozu führt ihr denn den Esel spazieren, wenn er nichts leistet, euch keinen Nutzen bringt und noch nicht einmal einen von euch trägt?”

Der Vater schob dem Esel eine Handvoll Stroh ins Maul und legte seine Hand auf die Schulter des Sohnes.

“Gleichgültig, was wir machen”, sagte er, “es findet sich doch jemand, der damit nicht einverstanden ist. Ich glaube, wir müssen selbst wissen, was wir für richtig halten.”

“Es wird immer wieder Menschen geben, die versuchen werden, uns als nicht gut genug abzustempeln: zu langsam, zu alt, zu viele Fehler. Wir können sie nicht daran hindern negativ über uns zu denken oder uns in eine Schublade zu stecken. Was wir jedoch machen können, ist zu entscheiden, dass wir uns von ihnen nicht aufhalten lassen.” —Joel Osteen

Mach dir keine Sorgen, was andere Menschen über dich denken. Natürlich wollen wir alle akzeptiert und geliebt werden. Und natürlich tut es uns weh, wenn Menschen uns falsch verstehen, hintergehen und ablehnen. Aber die meisten Probleme beginnen erst in dem Moment, wenn wir anfangen, uns Gedanken zu machen, was andere über uns denken. Wir sollten uns immer daran erinnern, dass jeder auf einer anderen Ebene des Verständnisses ist.

Wenn jemand das nächste Mal wirklich unfair oder schlecht zu uns ist, sollten wir uns daran erinnern, dass diese Reaktion wahrscheinlich sehr wenig etwas mit uns, sondern viel mehr mit der Person selbst zu tun hat. Viele der Personen, die mit anderen sehr hart umgehen, sind auch zu sich selbst so hart. Und der Schmerz, den sie anderen zufügen, ist häufig nur eine Reflexion ihrer eigenen Schmerzen. Aber selbst das zu wissen, macht es nicht unbedingt viel leichter.

Wenn wir verurteilt, gemobbt oder abgelehnt werden, müssen wir in unserem Herzen stark bleiben. Und dazu haben wir die Kraft, die wir brauchen.

Wir müssen akzeptieren, dass wir für einige Menschen niemals gut genug sein werden. Und ob wir zulassen, dass diese Menschen uns dadurch beeinflussen, liegt ganz bei uns. Wir sollten uns daran erinnern, dass jeder selbst am besten weiß, was gut für ihn ist. Jeder befindet sich auf einem anderen Weg. Und häufig sind andere Menschen gar nicht in der Lage das zu sehen, was wir sehen, und verstehen deshalb unsere Entscheidungen nicht. Unsere Entscheidungen kann uns niemand abnehmen.

Wenn wir verletzt werden, sinken wir oft ein und laufen in Sicherheit. Wir sollten nicht zulassen, dass wir uns durch andere klein fühlen.

Wir sind auf diese Welt gekommen, um zu wachsen und zu entdecken und die Wunder des Lebens zu berühren. Wir sollten den Schmerz nicht ignorieren, weil die Schmerzen real sind. Lass den Schmerz dich weicher, anstatt härter machen. Lass den Schmerz dich öffnen, anstatt sich zu schließen. Lass den Schmerz dich zur Liebe, anstatt zu Hass führen.

Es gibt Menschen, die nicht nur uns, sondern jeden und alles kritisieren. Diese Menschen und Angriffe sollten wir deshalb nicht zu persönlich nehmen. Diese Menschen sind in ihrem Leben so unglücklich, dass ihre einzige Freude darin besteht, andere Menschen niederzumachen.

Wir sollten uns bewusst sein, dass wir es nicht jedem recht machen können und dass jeder, der uns verletzt, zu diesen Personen gehört. Sobald wir das verstehen und akzeptieren, wird es uns leichter fallen, loszulassen und nach vorne zu schauen.

“Lass die Herausforderungen des Lebens nicht dein Herz verhärten. Lass sie deinen Verstand schärfen und deine Seele stärken.” — Barb Murle

26 WENN WIR UNECHT HANDELN, WIRD AUCH ALLES UM UNS UNECHT SEIN

Es ist wichtig, dass wir ehrlich zu uns selbst sind. Risiken gehören dazu, weil das Leben an sich schon ein Abenteuer ist. Niemand weiß, was der morgige Tag bringt.

Mach heute etwas, was du noch nie getan hast. Denke anders. Wir sollten aus dem Hamsterrad herauskommen und das Leben anders wahrnehmen. Sogenannte Risiken sind unsere einzige Chance zu leben. Sicherheit ist eine fatale Illusion, die unsere Träume in Zeitlupe zum Platzen bringt.

“Um in Fülle zu leben, müssen wir mutig sein. Wir müssen in der Lage sein unsere Box, Linien, Dimensionen, Komfortzonen und unsere aktuellen Grenzen zu überschreiten. Sei wie ein Kind. Wir sollten kleine Forscher sein, die neugierig und zielstrebig auf der Suche sind. Und das nicht, weil wir zu wenig haben, sondern wegen unseres mutigen Herzens. Wir müssen raus aus alten Mustern, Systemen und Ideen, die unsere Realität bisher kontrolliert haben.” — Darius M. Barazandeh

Sich zu verstellen ist anstrengend und macht auf Dauer müde. Wenn wir unter Leuten sind, sollten wir so sein, wie wir auch allein wären. Wenn wir uns verstellen und falsch handeln, wird auch alles um uns herum falsch und unecht sein.

Wenn wir verstecken, wer wir wirklich sind, ist es wie eine tickende Zeitbombe. Das Verstellen ist unglaublich ermüdend. Die verschiedenen Rollen, die man einnimmt, laugen aus. Die Maske, die man auf der Arbeit, vor den Eltern, zu Hause vor dem Partner oder den Kindern aufsetzt, sorgt für innere Anspannung und erhöht die Reizbarkeit.

Das ist eines der Hauptgründe, warum Menschen depressiv werden oder zu bestimmten Medikamenten und Aufputschmittel greifen. Wir sollten unser Leben nicht damit verschwenden, bestimmte Fassaden aufrechtzuerhalten. Wenn wir versuchen es jedem recht zu machen und uns zu verstellen, wird das Ganze irgendwann zusammenstürzen. Wir selbst sind dann die Einzigen, die zu kurz kommen.

Eine Lebenskrise entsteht häufig, wenn wir unehrlich waren. Wenn wir versteckt haben, wer wir wirklich sind. Wenn wir ehrlich sind, gibt es nichts zu verstecken und das Leben wird sich anpassen und gut anfühlen.

Ehrlichkeit gehört zum größten Luxus der Welt. Wir sollten darauf achten, dass wir nicht jemand werden, der alles hat; sich jedoch etwas Ehrlichkeit nicht leisten kann.

27 WIR KÖNNEN UNSERE ANSICHTEN, MEINUNGEN, IDEEN UND VORSTELLUNGEN ÄNDERN

Sich zu verändern dauert seine Zeit. Es ist inkrementell aufeinander aufbauend und kann für außenstehende Beobachter wie Heuchelei wirken. Während unseres Entwicklungsprozesses werden sich unsere Meinungen ändern, sich teilweise widersprechen und mit unseren alten Überzeugungen und Handlungen im Widerspruch stehen. Weil wir jeden Tag mit unserem vorhandenen Wissen und unserer vorhandenen Erfahrungen neu wahrnehmen.

Wir dürfen anderen Menschen nicht erlauben, uns in der Konstanz-Falle festzuhalten. Konstanz und Erwartungen anderer Menschen können nämlich schnell zur Waffe werden. Wenn wir versuchen uns weiterhin so zu verhalten, wie es andere von uns gewohnt sind, können wir uns nicht wirklich verändern.

Wir sind nicht unlogisch und auch nicht dumm. Smart zu sein bedeutet auch, sich und sein Verhalten zu verändern und Fehler einzugestehen. Es geht darum, das gesamte Spektrum zu erblicken und in Balance zu halten.

Unsere Meinung zählt und wir dürfen sie ändern. Es kann passieren, dass wir etwas völlig Falsches sagen oder völlig Falsches tun, weil wir es in dem Moment nicht besser wissen. Wir sind ein ungeformtes Wesen und können unsere Ansichten, Meinungen, Ideen und Überzeugungen beliebig verändern. Und das so oft es nötig ist.

"Wir können in jedem Augenblick und jeder Situation unsere Meinung ändern. Wenn etwas von dem was wir denken, sagen oder tun, uns keinen Frieden bringt, sollten wir unsere Denkmuster verändern. Wie wir über etwas oder jemanden denken, verändert, wie uns diese Dinge oder Personen beeinflussen." — Iyanla Vanzant

Es kann schwierig sein eine Person zu akzeptieren, die in ihrem Handeln nicht konsistent ist. Es bedeutet, dass wir uns nicht darauf verlassen können, ob diese Person ihre Werte und Meinungen noch verändern wird. In anderen Worten bedeutet das, dass wir diese Menschen oft nicht verstehen.

Menschen neigen dazu, andere Menschen verstehen zu wollen, damit sie wissen, wie sie sich ihnen gegenüber positionieren können, um sie zu ihrem Vorteil steuern zu können.

Wenn wir große Veränderungen in unserem Leben vornehmen, könnte es passieren, dass einige Menschen um uns herum daran zerbrechen, weil sie uns nur auf ihre Art akzeptieren und lieben können.

Es könnte passieren, dass sie uns als instabil abstempeln. Tatsächlich sind es oft sie selbst, die unbeweglich und instabil sind und auseinanderfallen, während wir uns verändern. In Wahrheit haben sie nur die Grenze ihrer Illusion von Wissen und Kontrolle erreicht.

Eine Person, die bereit ist, sich zu verändern, ist

unberechenbar und frei. Und diese Freiheit ist das, wovor viele wirklich Angst haben. Angst, keinen Einfluss und keine Kontrolle mehr zu haben.

Unsere persönliche und geistige Entwicklung wird für diejenigen, deren Werte und Ansichten wir verlassen als Verrat wahrgenommen. Wir haben jedoch das Recht unsere Werte, Ansichten und Ideen zu verändern. Das Unangenehme, das wir während der Veränderung empfinden, ist der soziale Druck, der uns umgibt. Es gibt nichts Befreienderes, als frei zu sein und alte Denk- und Verhaltensmuster zu verändern.

"Vergib der Vergangenheit, denn sie ist nicht mehr. Lerne aus ihr und lass sie gehen. Menschen verändern sich permanent und wachsen. Halte dich nicht an einem begrenzten Bild einer Person fest, wie sie mal war. Sieh die Person jeden Tag neu. Unsere zwischenmenschliche Beziehung ist immer lebendig und verändert sich." — Brian L. Weiss

Es kann passieren, dass wir unbewusst immer wieder über andere urteilen, obwohl wir nicht wollen, dass sie das mit uns machen, während wir uns verändern. Jeder von uns wünscht sich, einfach nur akzeptiert zu werden. Andere zu akzeptieren gelingt nur, wenn wir uns selbst akzeptieren. Wenn wir andere akzeptieren, sind wir von unseren inneren Konflikten befreit.

Indem wir aufhören über das Verhalten anderer zu urteilen, können wir, wir selbst sein, ohne uns von dem Lebensstil und der Glaubenssätze anderer beeinflussen zu lassen. Es geht nicht nur um unsere Freiheit, sondern um die Freiheit aller.

28 WIR SIND NICHT FÜR DAS GLÜCK ANDERER VERANTWORTLICH

"Es ist nicht unsere Aufgabe jeden auf dieser Welt glücklich zu machen und zu unterhalten. Nur jeder Einzelne kann sich für Glück und Zufriedenheit entscheiden. Es gibt immer jemanden, dem etwas nicht passt. Deswegen sollten wir uns darauf fokussieren, immer unser Bestes zu geben, in voller Liebe zu handeln und das Beste für alle Beteiligten zu erzielen." — Iyanla Vanzant

Es ist wichtig zu verstehen, dass wir nicht für das Glück anderer verantwortlich sind. Diese Aufgabe kann nur jeder für sich selbst übernehmen. Jemandem eine Freude zu machen, ist etwas anderes als für das Glück einer Person verantwortlich zu sein.

Als Kinder hören wir oft, dass wir gut sein und jeden glücklich halten sollen. Das lehrt oft auch, dass wir für das Glück und die Zufriedenheit anderer verantwortlich sind.

Es kann passieren, dass Kinder daraus lernen, dass die Freude und das Glück anderer vor ihr eigenes kommt. Leider entsteht daraus viel zu häufig eine falsche Akzeptanz für etwas, das wir nicht sind. Die Gefahr besteht, dass wir niemals lernen uns selbst zu akzeptieren.

Wir sollten uns darauf konzentrieren glücklich, zufrieden und dankbar zu sein und als gutes Vorbild voranschreiten. Da wo Licht ist, kann keine Finsternis sein. Egal, wie dunkel der Raum um uns herum ist, wenn wir anfangen selbst zu leuchten, können andere das Licht sehen und sich daran orientieren. Wir können andere nicht glücklicher machen, als selbst eine glückliche Person zu sein. Und alles beginnt damit, sich selbst zu akzeptieren.

29 HÖRE AUF PERFEKT ZU TUN UND SEI DU SELBST

Wenn wir einmal einer sehr selbstbewussten Person begegnen, ist das ein Moment, den wir niemals vergessen werden. Auch wenn wir nicht verstehen, was da passiert ist oder warum wir uns so gefühlt haben.

Dieses Gefühl weckt den Wunsch, wach zu werden und sich zu verändern. Manchmal ist es eine schöne Erfahrung. Und manchmal etwas beängstigend, weil diese Person vielleicht etwas sieht oder erkennt, was uns selbst noch verborgen ist und wir uns aufgrund unseres schützenden, defensiven und territorialen Verhaltens ärgern. Dieses Gefühl gehört jedoch zu einem der schnellsten Möglichkeiten, um zu wachsen.

Wenn wir uns angegriffen oder verurteilt fühlen, liegt es häufig daran, dass wir uns selbst unwohl fühlen. Die Wahrheit, die wir verweigern, kann häufig wie ein Urteil wirken. Deshalb sollten wir nicht immer unseren Gefühlen trauen, wenn wir uns verurteilt fühlen.

Wir sollten schauen, ob es da vielleicht etwas gibt, das wir selbst verleugnen. Diese Gefühle sind da, um uns zu informieren und uns auf etwas aufmerksam zu machen. Anstatt sie unüberlegt und zu schnell abzuschalten, sollten wir zwischendurch genauer hinsehen und schauen, ob es etwas gibt, an dem wir wachsen können.

"Wir können nur für eine bestimmte Zeit so tun als ob. Es ist natürlich und notwendig, dass wir auf das reagieren, was uns im Leben begegnet. Es ist wichtig, dass wir unsere Gefühle wahrnehmen und akzeptieren, dass sie in dem Moment da sind. Wenn wir unsere Gefühle ignorieren, verursachen wir nur noch mehr Schmerzen." — Diane Altomare

Viele versuchen, ihre inneren Gefühle zu verschleiern. Sie lächeln, obwohl sie eigentlich die Stirn runzeln wollen. Sie "lachen" nervös, wenn sie sich unruhig und unangenehm fühlen. Sie versuchen den Anschein zu erwecken, dass alles in Ordnung ist, sodass alles "perfekt" und "in Ordnung" scheint.

Oft wird dies auch gemacht, um akzeptiert zu werden. Damit andere keine unangenehme Realität erleben, obwohl deren Leben genau so falsch ist wie das eigene. Viele, die in Kontakt mit einer realen, offenen und ehrlichen Reaktion kommen, sind zunächst irritiert.

Dieses falsche Leben baut sich so lange auf, bis wir eines Tages wie ein Vulkan ausbrechen, ohne den eigentlichen Grund dafür zu kennen. Es gibt aber auch Menschen, die implodieren statt explodieren. Sie fälschen ihr perfektes Leben, bis ihre eigene Identität für immer verschwindet und so wird, wie sie aus Sicht anderer sein sollten.

In beiden Fällen fühlen wir uns verloren, weil wir nicht ehrlich zu uns selbst sind.Wir sollten uns bewusst machen, was gut und richtig für uns ist. Wir sollten uns auch dagegen wehren, uns für den Komfort anderer zu verbiegen.

Es geht nicht darum unhöflich zu sein, sondern zu sich selbst zu stehen. Es kann passieren, dass uns einige als unhöflich wahrnehmen werden, weil sie Ehrlichkeit, Integrität und Selbstwert nicht kennen.

Viele haben Angst, ehrlichen Menschen zu begegnen, weil sie Authentizität in ihrem eigenen Leben nie kennengelernt haben. Wenn wir als gutes Beispiel vorangehen, bringt sie das zum Nachdenken. In einer Welt voller Schlafwandler ist ein aufgeweckter Geist ein Lehrer und ein Katalysator für andere. Ob sie es wollen oder nicht.

Ein Moment der Wahrheit kann sehr intensiv sein. Anstatt zu lächeln, ist es manchmal sehr hilfreich, einfach die Stirn zu runzeln, wenn wir mit etwas nicht einverstanden sind. Anstatt zu lachen, wenn wir uns nervös und unwohl fühlen, sollten wir einfach die Wahrheit sagen. Anstatt so zu tun, als ob alles in Ordnung ist, sollten wir unsere Gefühle offenlegen. Wir sollten echt sein und zu uns stehen.

Wenn wir nicht echt sein können, liegt eine falsche und künstliche Zukunft vor uns, in der wir nur für andere leben.

“Sobald wir uns selbst akzeptieren, wertschätzen und vollständig besitzen, werden wir die Schönheit und Kraft entdecken, die in uns geschlummert hat.” — Sherri Bishop

Es gibt nichts Wichtigeres, das wir tun können, als ehrlich zu uns selbst zu sein. So verrückt es auch klingt. Die meisten von uns sind nicht das, was sie zu glauben scheinen. Häufig sind wir nur die Ideen anderer. Dazu gibt es auch eine treffende Bezeichnung: kulturelle Konditionierung. Unsere Identitäten sind durch gestrige Erlebnisse und morgige Erwartungen enorm verzerrt und entstellt.

Der Kampf, um unsere wahre und authentische Identität zu finden, ist unter dem Berg der Konditionierung und der lächerlichen Erwartung anderer ein epischer Kampf unseres Lebens.

Die meisten Menschen sind von dem Moment ihrer Geburt unter der kulturellen und familiären Lawine begraben. Es passiert häufig, dass sie niemals wirklich daraus herauskommen. Viele Schmerzen entstehen, wenn wir Dinge tun, die eigentlich nicht zu uns passen. Wir müssen verstehen, dass es unser Leben ist und dass es unsere wertvollen, wunderbaren, einzigartigen und kurzen Momente des Lebens sind.

Jeder von uns hat seine eigene emotionale und intellektuelle Reife. Diese Ebenen unterscheiden sich in dem Verständnis. Die höheren Ebenen können die unteren Bereiche sehen und erkennen. Die unteren Ebenen haben jedoch Schwierigkeiten, die oberen Ebenen zu sehen. Wir können die oberen Ebenen des Verständnisses nur erreichen, wenn wir unser Leben authentisch leben und nicht so, wie uns andere gerne hätten. Nur dann übernehmen wir die Verantwortung für unser Leben und machen Fortschritte. Wie kann Selbstverwirklichung etwas anderes sein, als wirklich man selbst zu sein?

Gute Ratschläge anzunehmen, ist sehr gut. Wir sollten immer offen und unvoreingenommen durch die Welt gehen. Wir sollten jedoch nicht zulassen, dass diese Ratschläge zu einem Zwang werden und unsere Einzigartigkeit auslöschen.

Sich weiterzuentwickeln und Fortschritte zu machen, ist wundervoll. Wir sollten jedoch nicht zulassen, dass die neuen Normen und Werte, für die wir uns entscheiden, uns gefangen nehmen.

Unsere Einzigartigkeit ist das größte Geschenk im Leben, das wir empfangen haben. Unsere Einzigartigkeit ist ein wichtiger Schlüssel, mit dem wir die verborgenen Schätze unseres Lebens entriegeln.

Wer wir sind, ist unersetzbar für uns und andere. Wir sind für andere wertlos, wenn wir uns selbst und unseren Wert nicht kennen.

Wir sollten aus unserem Schlummerschlaf aufwachen und uns, uns selbst gegenüberstellen. Wir sollten die Vorhänge vom Fenster wegziehen, Licht in unser Leben lassen, Liebe in unserem Leben zulassen und ehrlich zu uns selbst sein. Das ist das, wovon man spricht, wenn man sagt "sich selbst finden" oder "sich selbst kennen".

"Wir müssen wir selbst bleiben und uns nicht verstellen. Folge deinen Werten, hinter denen du stehen kannst, egal was andere darüber denken." — Eileen Anglin

30 ES GEHT NICHT DARUM, DIE RICHTIGE PERSON ZU FINDEN. ES GEHT DARUM, DIE RICHTIGE PERSON ZU SEIN.

Es kann sehr hart sein, wenn wir uns alleine fühlen. Es gibt verschiedene Arten von allein sein. Es gibt die Art der Leere, in der wir in unserem Leben keine echten Freunde oder geliebten Menschen haben. Es gibt auch die Art der Leere, in der unser Leben voller Menschen ist, wir jedoch keine bedeutungsvollen Beziehungen miteinander haben. Dann gibt es noch die Art der Leere, in der Menschen kommen und gehen und ihr Leben völlig an uns vorbeileben und wir nur als Beobachter das Leben sehen, welches wir eigentlich selbst gerne hätten.

Echte Einsamkeit kann sich wie ein langsamer Tod anfühlen. Ein Tod, bei dem wir die Blume stückweise verwelken sehen. Eine Blume, an der die Blütenblätter unbemerkt Stück für Stück herunterfallen.

Es gibt auch eine andere Art von Einsamkeit. Eine gute, gesunde und glückliche Einsamkeit. Viele finden sich selbst so langweilig, dass sie es nicht ertragen können, alleine zu sein. Wenn wir uns mit uns selbst langweilen, dann nur, weil wir selbst eine langweilige Person sind.

Viele wünschen sich einfach nur etwas Begleitung. Was auch sehr sinnvoll ist. Die Frage ist nur, sind wir selbst auch ein guter Begleiter? Sind wir auch gute Begleiter für uns selbst? Einsamkeit kann zwischendurch ein wundervoller Begleiter sein, der uns viel über uns selbst und andere zeigt. Einsamkeit ist die größte Chance jemals eine schöne Beziehung mit einer anderen Person zu haben.

Wenn man ein Pärchen gemeinsam in einen leeren Raum lässt, haben die beiden die Möglichkeit, einen Himmel zwischen diesen vier Wänden zu schaffen. Warum schaffen so viele Menschen eine Hölle?

Dafür vereinfachen wir die Situation und entfernen eines der Personen. Selbst eine Person in dem Raum schafft für sich selbst eine schreckliche Atmosphäre. Sie füllt den Raum mit ihren Zweifeln, Ängsten, Abhängigkeiten, Sorgen und Verzweiflung.

Vielleicht kennen wir diese Situation und können das gut nachvollziehen. Allein zu sein zeigt uns, wer wir wirklich sind. Wenn wir es nicht hinkriegen, als einzige Person in dem Raum eine positive Atmosphäre zu schaffen, können wir es komplett vergessen, sobald eine zweite Person hinzukommt. Wir sollten uns darin üben, selbst glücklich zu sein. Erst dann ist man in der Lage, Freude zu teilen.

Es gibt nichts Schlimmeres als in der Leidenschaft, Liebe und seinem gesamten Potenzial eingeschnürt zu sein, wenn das Leben doch so erfüllt und schön sein kann. Wenn man gemeinsam mit einem liebevollen Partner, als ein kooperatives Team die Herausforderungen des Lebens angeht.

Keinen zuverlässigen Partner zu haben, kann die Leiden des Lebens intensivieren. Wir können alleine immer nur eine bestimmte Strecke zurücklegen. Keine Person kann alles alleine tun. Um jedoch einen zuverlässigen und liebevollen Partner zu finden, müssen wir zunächst selbst dieser Partner werden. Wir können immer nur das, was wir selbst sind, anziehen und behalten.

Wir müssen uns selbst auf die Ebene bringen, die wir uns selbst wünschen würden. Natürlich wollen wir berührt, inspiriert und motiviert werden. Aber eine Beziehung ist wie eine Brücke, auf der man Menschen auf halbem Wege trifft. Das bedeutet, wenn wir berührt und inspiriert werden möchten, müssen wir selbst auch sanft, inspirierend und motivierend sein und die Freude des Lebens in die Beziehung bringen. Wir müssen so leben, wie wir es uns selbst wünschen, es zu empfangen.

Wir sind immer am Wachsen. Das Leben verbindet und verstärkt, was immer in uns ist. Wenn wir unglücklich sind, wachsen wir im Unglück, wenn wir glücklich sind, wachsen wir im Glück. Liebe in unserem Herzen ist ein perfekter Nährboden, um die Liebe zu anderen wachsen zu lassen.

“Im innersten Kern aller Einsamkeit steckt eine tiefe und kraftvolle Sehnsucht nach der Vereinigung mit seinem verlorenen Selbst.” — Brendan Francis

Viele haben ein wirklich merkwürdiges Bild über Liebe, Freunde und eine Beziehung. Sie glauben, dass ihre Partner, Kinder und Freunde sie glücklich machen können. Doch hat Liebe und Freude etwas mit einem Selbst zu tun. Nur wenn wir es zulassen, können wir glücklich und geliebt sein. Es beginnt in uns und hat nur nachrangig etwas mit anderen Personen zu tun.

Es kommt darauf an, welche Liebe wir selbst an den Tisch bringen. Sie kann kontrollierend, egoistisch, bedingt und verzweifelt sein, oder sie kann sicher, offen, gebend und bedingungslos sein.

Unsere Fähigkeit zu lieben ist etwas, dass wir in uns selbst kultivieren. Liebe ist wie jedes andere Handwerk, bei dem die Meister sorgfältig geübt sind und die Beginner in ihrer Sorglosigkeit schmachten. Das ist der Grund, warum einige Beziehungen so wundervoll und erfüllt scheinen, und einige so tragisch und belastend. Schönheit gehört zur Sorgfalt und dem Wohlüberlegten; Tragödien zu dem Nachlässigen.

Wenn wir etwas ändern wollen, ist der beste Ort dafür etwas Stille und Einsamkeit. Wir sollten aufhören, irgendwo da draußen nach einer Lösung zu suchen, die plötzlich kommt und uns von unserer Einsamkeit befreit.

Menschen lieben Leidenschaft. Sie lieben Menschen, die glücklich und mit sich selbst zufrieden sind. Sie lieben Menschen, die offen und freundlich sind. Sie lieben Menschen, die zuversichtlich und sicher sind. Am meisten lieben Menschen diejenigen, die mit sich selbst im Reinen sind.

Bei Liebe geht es nicht erster Linie darum, die richtige Person zu finden, sondern die richtige Person zu sein. Wenn wir Liebe und Aufmerksamkeit erhalten, für die wir selbst noch nicht bereit sind, bleiben wir unerfüllt. Auch unsere Vorstellungen der Liebe werden nicht verwirklicht. Wir können nur mit Liebe erfüllt werden, wenn wir selbst mit Liebe gefüllt sind. Wenn wir uns eine perfekte Beziehung wünschen, sollten wir damit beginnen, diese zunächst mit uns selbst zu haben. Schaffen wir es mit uns selbst, dann wird es mit der ganzen Welt gelingen.

Wir sollten uns daran erinnern, dass Liebe erst in dem Moment für uns zur Verfügung steht, sobald wir der Liebe zur Verfügung stehen.

31 WIR ENTSCHEIDEN, WAS WIR ANNEHMEN.

Lasse niemals zu, dass dich jemand von etwas Negativem überzeugt, es sei denn, es ist etwas, das du verbessern kannst. Und wenn das Gesagte wahr ist, sollten wir es annehmen und uns bei demjenigen bedanken. Lasse aber niemals zu, dass Personen die dir nicht helfen wollen und dich nicht lieben, dir sagen, was und wer du bist.

Es ist aber auch wichtig, seinen Stolz abzulegen. Erst dann kann die Liebe zu uns hindurchkommen und Veränderung stattfinden. Dadurch lassen wir Liebe zu.

Denn Hochmut kommt vor dem Fall.

Durch Stolz bleibt man auf dem Stand, auf dem man ist. Man lässt sich nichts sagen und verändert sich nicht. Man möchte immer Recht behalten und gesteht sich keinen Fehler ein. Man tut perfekt, obwohl man es nicht ist. Man tut perfekt, obwohl man töricht ist.

Und keine Veränderung macht uns langsam und trennt uns von dem, was wir hätten sein können und von dem, was wir niemals sein werden.

Es ist immer hilfreich, sich selbst ein paar wichtige Fragen zu stellen: Wenn wir uns selbst als Person begegnen würden, würden wir diese Person mögen? Wären wir ein guter Freund? Wären wir freundlich, großzügig und liebevoll?

Würden wir uns Zeit und Geduld nehmen und in diese Freundschaft investieren? Würden wir uns in der Gegenwart gut fühlen? Würden wir uns zum Lachen bringen? Würden wir wirklich Zeit mit uns verbringen wollen? Wären wir ein guter Einfluss?

Wir sollten uns jederzeit bewusst sein, dass niemand mehr Zeit mit uns verbringt, als wir selbst. Wir sollten auch ein guter Freund für uns selbst sein. Der beste Weg, um für sich selbst ein guter Freund zu sein, ist ein guter Mensch zu sein. Sei die Person, die du dir in deinem Leben wünschst.

Wir sollten uns daran erinnern, dass niemand kommen wird, um uns vor uns selbst zu retten. Es wird uns niemand von unseren alten Gewohnheiten, unserem Mangel an Vertrauen, die Unzufriedenheit mit uns selbst und unserem Leben retten. Nur Liebe und gute Entscheidungen werden uns weiter bringen.

32 EIN TIEFERES VERSTÄNDNIS FÜR SICH SELBST

Das Leben ist ein kostbares Geschenk und wir dürfen leben. Jeder Tag, an dem die Sonne aufgeht, ist ein neuer Tag mit neuen Geheimnissen.

Es ist wichtig, dass wir unser Leben nicht pausieren. Wir sollten unser Leben nicht auf einen Tag in der Zukunft verschieben, wo wir vielleicht das eine oder andere erreicht haben werden.

Der einzige Moment, den wir garantiert haben, ist der jetzige Moment. Wir sollten aufhören, alles auf "eines Tages" zu verschieben. Dieser Tag wird vielleicht niemals eintreffen. Wir haben eine unbeschreiblich große Lebenskraft und einen unbeschreiblichen Wert. Wir können in diesem Augenblick beginnen, unser Leben so zu leben, wie wir es uns wünschen. Ein Leben in Freude, Glück, Liebe und frei von Ängsten, Zweifel und Sorgen.

Mit unserer Einzigartigkeit werden wir die Antworten, die wir suchen nicht außerhalb von uns finden können. Die Antworten liegen in uns.

Es ist an der Zeit, dass wir unseren enormen Wert und unsere Einzigartigkeit in der Welt erkennen. Schau dich in diesem Moment um, sei glücklich und lebe in Dankbarkeit und Freude.

Lebe mit Wünschen und Träumen, aber nicht mit unersättlichem Verlangen nach Dingen, die uns glücklich machen sollen.

Wir sollten ein tieferes Verständnis für uns und unsere Einzigartigkeit erkennen. Niemand außer uns wird uns sagen können, was richtig für uns ist. Wer sucht, der wird finden.

33 UNSERE ZUKUNFT BEGINNT MIT UNSEREM NÄCHSTEN GEDANKEN

Wenn wir mit uns selbst und mit der Welt um uns herum unglücklich sind, ist Raum für Veränderung. Manchmal beinhaltet unsere Entwicklung die Änderung von Gewohnheiten und Verhaltensmuster. Manchmal erfordert es auch die tief greifende Veränderung unserer inneren Denkweise.

Unsere innere Einstellung liegt in dem Herzen jeder Möglichkeit, sein Leben zu verändern. Unsere Einstellungen sind die Samen für das Wachstum unseres zukünftigen Ichs. Unsere innere Einstellung bestimmt unsere Zukunft. Sie ist wie die DNA unseres zukünftigen Lebens. Sie ist der Bauplan für die Person, die wir sein werden.

"Die größte Entdeckung in meiner Generation ist die, dass ein Mensch sein Leben verändern kann, indem er seine Einstellung ändert." — William James

Wenn unsere innere Einstellung gut ist, wird unsere umgebende Welt besser. Mit einer positiven und hoffnungsvollen Haltung ist es viel wahrscheinlicher, dass unsere Schwierigkeiten verschwinden.

Und selbst wenn einige weiterhin bestehen bleiben, werden wir mit einer ruhigen und konstruktiven Haltung sanfter durch sie geführt.

Wir sollten in unseren Enttäuschungen nach Lösungen schauen, mit denen wir unsere Erfahrungen in Lösungen transformieren. Unsere Haltung und innere Einstellung formen zu jeder Zeit und bringen unsere tiefste Wahrheit ans Tageslicht.

Eine positive Einstellung beschäftigt sich mit den Möglichkeiten. Eine negative Einstellung legt ihren Fokus auf das Unwahrscheinliche. Während eine negative Einstellung Möglichkeiten abstößt, eröffnet eine positive Einstellung Möglichkeiten. Es kann für uns oder gegen uns arbeiten.

Eine positive Einstellung ermöglicht positive Erfahrungen. Wir sollten uns stets hoffnungsvoll auf die beste Möglichkeit konzentrieren, die vor uns liegt.

Positives Denken muss nicht egoistisch sein und ausschließlich uns selbst dienen. Wenn wir positiv leben, ist es unmöglich, nicht für etwas Größeres zu leben. Wenn wir uns selbst verändern, dann beeinflusst diese Veränderung das Leben vieler anderer Menschen.

Sich selbst zu verändern, ändert somit alles. Unsere innere Haltung spiegelt unsere Möglichkeiten wider. Jede Erfahrung nehmen wir durch unsere Augen und unseren Verstand wahr. Wenn wir unsere Einstellung verändern, ändert sich die ganze Welt für uns. Weil wir sie anders wahrnehmen.

Es gibt keine objektive Welt für einen subjektiven Verstand. Gelegenheiten und Chancen werden sich nur im Rahmen unserer inneren Einstellung ergeben. Wir erhalten immer das, wie unsere Einstellung uns bewertet. Um die Welt um uns herum zu verändern, müssen wir unsere Gedanken ändern. Denn die Welt, die wir kennen, entsteht in unserem Kopf.

Wenn wir unsere innere Einstellung und Haltung zu den Dingen um uns herum erneuern, kann sich das wie eine andere Dimension anfühlen. Es ist teilweise unglaublich, wie schnell sich alles verändern kann. Manchmal reicht ein einziger Augenblick. Es ist wie eine verborgene Welt, die sich uns plötzlich öffnet.

Unsere Zukunft beginnt mit unserem nächsten Gedanken. Eine schönere Welt ist nur ein Gedanke entfernt. Wenn dieser Gedanke sich verflüchtigt, verflüchtigt auch die Hoffnung mit ihr. Eine schönere Welt wird mit jedem neuen Gedanken sichtbarer und beständiger.

Behalte die Sicht auf diese schöne Welt. Denke positiv und liebevoll. Schau zunächst in dir nach der Schönheit, die du suchst. Sobald wir unsere positive Sicht gefunden haben, können wir unsere liebevolle Haltung und Einstellung mit jedem teilen, dem wir begegnen.

34 UNSERE KÄMPFE SCHEINEN AUßERHALB ZU SEIN. WIR WERDEN JEDOCH IMMER VON INNEN ZERSTÖRT.

Die größten Lügen sind die, welche wir uns selbst erzählen. Die schlimmsten Beschimpfungen kommen häufig aus unserem eigenen Mund. Der größte negative Einfluss sind wir häufig selbst. Der grausamste Richter ist häufig derjenige, der uns im Spiegel begegnet. Die Person, welche uns Liebe zurückhält, sind häufig wir selbst.

Wir sollten damit aufhören, uns selbst das anzutun. Wir sind dazu bestimmt, aus unseren Fehlern zu wachsen und nicht sich von ihnen quälen zu lassen. Wir sollten aufhören, ständig alles zu überdenken und den ganzen Tag zu grübeln. Wir sollten uns nicht auf Negativität konzentrieren. Nicht sich dazu drängen, alles zu verändern. Nicht sich dazu drängen, positiv zu denken. Es ist wichtig, dass wir uns nicht drängen, sondern dem Ganzen Zeit geben. Wenn wir die Dinge forcieren, werden sie wirklich heilen. Alles hat seine Zeit. Und die sollten wir uns selbst geben.

"Wir sollten uns so sehr lieben, wie wir schon immer geliebt werden wollten." — Anna Pereira

Es ist Zeit, dass wir unser selbst sabotierendes Denken, unsere Ängste, Fehler, Sorgen und Zweifel liegen lassen. Unsere Schwierigkeiten und Kämpfe scheinen immer außerhalb stattzufinden. Sie zerstören uns jedoch immer von innen heraus.

Der Moment, in dem wir Liebe zulassen und uns selbst akzeptieren, ist der Moment, in dem unsere Befreiung beginnt. Freundliche Gedanken und ein liebendes Herz sind das, was wir brauchen.

"Das Leben geht weiter. Egal ob wir als Feiglinge oder Helden handeln. Alles, wovor wir unsere Augen verschließen, alles, wovor wir weglaufen, alles, was wir leugnen oder verachten wird uns zu Fall bringen. Was böse, scherzhaft oder übel scheint, kann eine Quelle der Schönheit, Freude und Kraft werden, wenn wir dem mit einem liebevollen und offenen Herzen begegnen. Jeder Moment ist ein goldener Moment, wenn wir in der Lage sind, diesen als solchen wahrzunehmen." — Henry Miller

Wenn wir beginnen, die Schönheit in allem zu sehen, fangen wir an, die Schönheit in uns selbst zu sehen. Wir werden dann verstehen, dass wir ein Teil dieses wunderbaren Lebens und der Schönheit sind.

Diese Schönheit zu erkennen, verschiebt unsere Perspektive auf die Welt von Zynismus zu Ehrfurcht. Auch wenn wir unsere äußeren Umstände nicht umgehend ändern können, sind wir in der Lage, unsere Wörter zu verändern. Wir werden alle durch unsere Gedanken und Eigendialoge geformt. Wir sollten mit unserem inneren Dialog beginnen. Er hat einen enormen Einfluss auf unser Leben.

Wir sollten sicherstellen, dass negative Eigendialoge kein tägliches Ritual werden. Es ist wichtig, unsere eigenen Gedanken herauszufordern und zu prüfen. Was erzählen wir uns den ganzen Tag? Erzählungen werden schnell zu Entscheidungen; und Entscheidungen zu Handlungen, die unser Leben formen.

Wir sollten nur freundlich und respektvoll mit uns selbst umgehen. So, wie wir mit uns selbst reden, richten wir auch unser Leben aus. Wenn wir etwas verändern wollen, sollten wir unseren inneren Dialog und unsere Wortwahl ändern.

Unsere innere Stimme sollte kein Feind von uns sein. Sie kann ein Beschützer und Champion in unserem Leben werden. Wir geben mit unseren Worten Leben in unsere Herausforderungen und Probleme. Wenn wir wirklich etwas verändern wollen, sollten wir Worte wählen, die das Leben auf Lösungen ausrichten.

Unser Widerstand ist unsere Stärke. Mit unserem Widerstand können wir verhindern, negativ, verbittert und hoffnungslos zu sein.

35 WENN WIR GLÜCKLICH SEIN WOLLEN, MÜSSEN WIR JEDEN AUGENBLICK DANACH STREBEN.

"Wenn wir Glück in unserem Herzen tragen, ist Frieden in unserem Geist und Frieden in unserer Welt." — Tina Tappy

Viele wünschen sich einfach nur Frieden und Glück. Man hört es immer wieder "Ich will doch einfach nur glücklich sein". In Wirklichkeit wollen es einige gar nicht. Oft ist es etwas, das man sich selbst vormacht. Wenn jemand wirklich glücklich sein möchte, wäre er es. Wir haben immer das, was wir wirklich wollen.

Viele neigen dazu, alles um sie herum für ihre Probleme verantwortlich zu machen. Das stimmt so aber nicht. Natürlich ist es wahr, dass es viel Finsternis dort draußen gibt. Aber Glück ist etwas, das in uns beginnt. Es ist jederzeit verfügbar.

Wenn wir darauf warten, dass etwas in unserem Leben passiert, sodass wir glücklich sein können, werden wir sicher enttäuscht werden.

Außen nach Glück zu suchen, ist wie eine Abhängigkeit von Aufputschmittel. Man ist ständig auf der Suche nach einem kurzen Glücksmoment, um innere Depressionen zu lindern. Diese kurzen Freudenschübe werden langfristig nichts ändern. Wenn wir nicht glücklich sind, liegt das einfach nur daran, dass wir im Inneren nicht wirklich glücklich sein wollen. Wir sind für unser Glück verantwortlich.

Wir sollten uns nicht erbärmlich und hilflos verhalten. Wir haben immer Möglichkeiten. Auch dann, wenn unsere begrenzten Überzeugungen darauf bestehen, dass wir keine haben. Das größte Hindernis, das uns daran hindert, ist unser eingeschränktes Denken.

Wie lange wollen wir darauf warten, bis das Glück den Weg zu uns findet? Es wird niemals passieren, dass das Glück eines Tages an unserer Tür klopft und uns aus unserem Tief herauszieht.

Selbst wenn wir in einer rauen und unfreundlichen Welt leben, können wir ein schönes inneres Leben haben. Eine schöne Außenwelt beginnt immer mit einer schönen inneren Welt.

“Unsere äußere Welt ist eine Reflexion unserer inneren Welt. Dieser Welt zuliebe lasst uns eine schönere innere Welt schaffen.” — Roxana Jones

Glück ist etwas, das in uns entsteht. Wir müssen verstehen, dass wir die Verantwortung für unser Glück selbst tragen. Wir sollten aufhören, die Welt, die Vergangenheit, das Pech oder andere Menschen für unser Unglück verantwortlich zu machen. Wir sollten akzeptieren, dass wir bestimmte Aufgaben und Entscheidungen in unserem Leben übernehmen. Glück und Zufriedenheit erfordert Übung. Es beginnt damit sich dafür zu entscheiden, dass so etwas wie Glück existiert und für uns vorhanden ist.

Sobald wir uns dazu entscheiden, dass wir auch etwas davon haben sollten, sollten wir anfangen, danach zu suchen. Es ist sehr wahrscheinlich, dass die Möglichkeiten für Glück direkt vor uns liegen, ohne dass wir sie bisher erkannt haben.

Wenn wir für Glück und Zufriedenheit bereit sind, beginnen wir das Glück in Momenten zu erkennen. Glück und Zufriedenheit sind kein Dauerzustand. Es ist etwas, das wir uns dauerhaft verdienen können. Das Glück kommt in unterschiedlichen Momenten. Es befindet sich zwischen traurigen Momenten und in alltäglichen Momenten. Das Glück liegt direkt vor uns und wartet darauf, erkannt und berührt zu werden.

Wenn wir wirklich glücklich sein möchten, sollten wir anfangen, danach zu streben. Wir sollten über Glück nachdenken, nach Glück suchen, Glück ergreifen und von ganzem Herzen daran glauben, dass wir es verdienen.

Wir sollten uns daran erinnern, dass jede Situation in unserem Leben nur vorübergehend ist. Wenn das Leben gut ist, sollten wir alles davon genießen und mit Freude empfangen. Und wenn das Leben mal nicht so gut ist, sollten wir bedenken, dass dies kein Dauerzustand ist und bessere Tage auf dem Weg sind.

36 MISSGUNST UND SCHULD HINDERN UNSERE CHANCEN DARAN BEI UNS ANZUKOMMEN

Jeder steht im Leben vor Herausforderungen. Jeder leidet auf eine unterschiedliche Art. Wir sollten aufhören zu glauben, dass es anderen besser geht als uns. Wir sollten aufhören zu denken, dass nur wir vor Problemen und Herausforderungen stehen. Es ist verkehrt, die Schwierigkeiten anderer kleinzureden und die eigenen als die Größten anzusehen.

Es ist nicht richtig, die Herausforderungen und die Probleme eines anderen als besser oder schlechter zu bewerten.

Ein schmerzhaftes Leben kann fröhlich gelebt werden, weil gemeisterte Schwierigkeiten uns mit größeren Perspektiven und Weisheit segnen. Ein ausgezeichnetes Leben kann unter dem Reichtum verderben. Es ist hart, nichts zu haben. Es ist hart, alles zu haben. Alles kann auch seine harten Seiten haben. Probleme und Leid sind wirklich sehr persönliche Dinge und können nicht von einer außenstehenden Person gemessen oder bewertet werden.

Jeder leidet auf eine andere Art und Weise. Deswegen sollten wir anderen und uns selbst mit Mitgefühl begegnen. Wir sollten uns und andere lieben. Liebe weicht die härtesten Kanten des Lebens auf.

“Jeder bekommt ein Pfund Schmerzen. Deins könnten Federn sein und meins könnten Steine sein. Aber ein Pfund ist ein Pfund.” — Bernadette Randle

Wenn wir wollen, dass gute Dinge in unserem Leben geschehen, sollten wir daran glauben, dass gute Dinge für uns möglich sind. Wir sollten mit zynischem und negativem Denken aufhören, und uns nicht selbst um das Leben berauben, das wir verdient haben. Hör auf zu glauben, dass alles am Ende ist. Wir sind noch nicht am Ende. Vielleicht sind wir erst am Anfang. Hör auf, dich mit anderen zu vergleichen, um dich und sie zu schützen. Das Leben anderer ist nicht unser Leben. Wir haben unser eigenes Leben.

Wir sollten keine Missgunst hegen, wenn es anderen gut geht. Wir sollten uns aber auch nicht schuldig fühlen, wenn es anderen schlecht geht.

Missgunst und Schuldgefühle stehen häufig in engem Zusammenhang mit einem geschwächten Selbstwertgefühl und sind auf lange Sicht nicht hilfreich. Das sind keine Emotionen, auf denen ein positives und gesundes Leben folgt. Missgunst und Schuldgefühle hindern die Chancen daran, bei uns anzukommen.

Wir sollten uns auf unsere eigene Entwicklung fokussieren. Wir sollten unseren Herausforderungen und Lasten mit so viel Würde wie möglich begegnen. Wir sollten unsere Erfolge und Misserfolge mit Ruhe und Ausgewogenheit tragen.

Wenn wir uns von den gestrigen Sorgen entleeren, haben wir viel mehr Platz für die heutigen Freuden.

37 SEINE BEDÜRFNISSE ERFÜLLEN, OHNE ZU KLAGEN ODER NEGATIV ZU SEIN.

Wenn wir auf den richtigen Zeitpunkt warten, um unser Leben und unsere Lebensqualität auf ein nächstes Level zu bringen, dann ist dieser Moment genau jetzt gekommen. Wenn wir auf die richtige Zeit warten, um mit unseren geliebten Menschen einen besonderen Moment zu erleben, dann ist dieser Moment genau jetzt gekommen. Wenn wir darauf warten unserer Leidenschaft und unseren Träumen zu folgen, dann ist dieser Moment genau jetzt gekommen.

Es ist manchmal schwer zu glauben, dass ein Morgen vielleicht niemals kommen wird. Besonders, wenn wir darauf warten. Alles im Leben erfordert unser Engagement.

Chancen, Freunde, Seelenverwandte, Wertschätzung und das Finden eines Lebenssinns sind Dinge, die unseren Einsatz erfordern und nicht plötzlich auf einen zukommen.

Es ist in Ordnung sich Freunde zu wünschen. Es ist in Ordnung sich bestimmte Chancen zu wünschen. Es ist in Ordnung anerkannt, wahrgenommen und verstanden werden zu wollen. Jeder sollte gehört und wahrgenommen werden. Wenn wir frustriert sind darauf zu warten, sollten wir nicht wütend oder ungeduldig sein. Wir sollten die Dinge, die wir für uns selbst wünschen, zuerst jemand anderem geben. Gib jemandem deine Aufmerksamkeit und deine Wertschätzung. Akzeptiere jemanden. Nimm dir die Zeit jemandem zuzuhören, der gerade deine Aufmerksamkeit benötigt.

Indem wir diese Dinge, die wir für uns selbst wünschen, für andere zurückhalten, halten wir es auch für uns selbst zurück. Indem wir diese Dinge geben und anderen helfen, erhalten wir sie auch zurück.

Wir sollten auch nicht vergessen uns selbst das zu geben, was wir uns von anderen wünschen. Die Liebe und die Aufmerksamkeit, die wir uns immer von jemand anderem gewünscht haben, ist die Liebe, die wir uns zunächst selbst geben sollten. Wenn wir etwas Bedeutsames im Leben haben wollen, müssen wir zunächst selbst das Bedeutsame sein.

Oft warten wir darauf, eine beeindruckende Person, einen Freund, Lebenspartner oder Geschäftspartner kennenzulernen. Und wenn dies dann passiert. Drücken wir sie aufgrund unserer hohen Erwartungen und Vorstellungen weg. Diese Menschen gehen dann langsam wieder aus unserem Leben, weil unsere hohen Erwartungen uns enttäuscht haben.

Wenn uns so etwas passiert, dann nur, weil wir ihnen nicht gestatten, einfach zu sein. Vielleicht auch, weil wir uns selbst nicht gestatten, einfach zu sein. Wir lassen sie vielleicht nicht sie selbst sein, weil wir uns selbst nicht erlauben, echt zu sein.

Oft denken wir, dass uns Menschen ständig enttäuschen. Vielleicht ist es aber auch so, dass wir die Menschen ständig enttäuschen, ohne dass es uns bewusst ist. Manchmal verschwinden Menschen, weil wir verschwinden. Wir erwarten, dass sie sich so verhalten wie wir. Wir erwarten, dass sie so großzügig sind, wie wir es von uns selbst glauben. Wir erwarten, dass sie so aufgeregt sind wie wir. An Stellen, an denen wir denken, dass sie gescheitert sind, sind wir es oft selbst, die es nicht geschafft haben.

In vielen Fällen ist es einfach nur Angst, wodurch die besten Chancen zerstört werden. Angst kann dazu führen, dass wir den Eindruck haben, dass Menschen uns nicht mögen. Dadurch entstehen Unsicherheit, Zynismus, negatives Denken und ungerechtes Handeln.

Meistens fürchten wir uns vor dem, was wir selbst in unser Leben bringen. Übe dich darin zu glauben, dass was du dir wünscht, auch möglich für dich ist. Dies kann seine Zeit dauern. Aber aus dieser einfachen Übung wird alles Positive entspringen.

Wir sollten lernen, unsere Ängste zu minimieren, Enttäuschungen nicht negativ zu bewerten und Positives für möglich zu halten.

Wir sollten damit rechnen, dass uns Menschen im Stich lassen werden, wenn wir sie wirklich brauchen. Wir sollten uns nicht über die Unzuverlässigkeit anderer aufregen, sondern uns selbst versprechen, selbst nie so zu sein.

Indem wir nicht von jedem erwarten für uns da zu sein, sind wir nicht so überrascht und enttäuscht, wenn wir im Stich gelassen werden. Andererseits können wir uns darüber freuen und es wirklich wertschätzen, wenn jemand zu uns steht und uns nicht im Stich lässt. Wir sollten lieber positiv darüber überrascht sein und uns freuen, wenn uns jemand hilft, anstatt ständig darüber enttäuscht zu sein.

Der beste Weg, um seine Bedürfnisse ohne Negativität oder ständiges Klagen zu erfüllen, ist selbst das zu geben, was wir uns wünschen. Positiv sein, etwas zu geben und sich zu kümmern, wird nicht immer so gelingen, wie wir es uns wünschen. Aber alles was wir geben, wird auf die eine oder andere Weise wieder zu uns zurückkommen. Unser erfülltes Herz kann die Veränderung in anderen Menschen auslösen, oder uns für bessere Situationen vorbereiten.

Auch wenn es Personen gibt, die sich nicht verändern wollen, überhaupt nicht auf unser Verhalten reagieren und alles einfach nur undankbar annehmen, können wir nicht verlieren. Wir können nicht verlieren, wenn wir fantastisch sind und unsere beste Version leben. Die Freude das Richtige zu tun, ist eine unbeschreibliche Erfüllung.

38 WENN WIR MEHR VOM LEBEN WOLLEN, SOLLTEN WIR DAMIT BEGINNEN, UNSERE ERFOLGE ZU ZÄHLEN.

"Dankbarkeit im Voraus ist die größte kreative Kraft des Universums. Die meisten Menschen wissen das nicht, obwohl es wahr ist. Im Vorfeld dankbar zu sein, ist der Weg aller Erfolgreichen. Warte nicht darauf, bis etwas passiert, um dankbar zu sein. Sei dankbar, bevor es passiert und siehe was passiert." — Neale Donald Walsch

Wenn wir mehr vom Leben wollen, sollten wir unsere Erfolge statt unserer Verluste zählen. Ungeduld, Missgunst, Eifersucht und endloses "Wollen" sind keine treibenden Kräfte und haben keinen Wert. Diese Gefühle blockieren unsere Chancen und Möglichkeiten. Von Zeit zu Zeit erlebt jeder diese Gefühle. Wir sollten jedoch versuchen, uns konstruktiv an ihnen vorbei zu bewegen.

Wenn sich negative Gefühle auf uns zu bewegen, sollten wir reflektieren und erkennen, welche Gefahr sie für uns darstellen, wenn wir sie füttern und am Leben erhalten. Wir sollten sie im Auge behalten und zusehen, dass sie wie ein Lagerfeuer in einem trockenen Wald vollständig ausbrennen. Wir sollten sie vorsichtig beobachten, ohne weiteres Brennmaterial in Form von unangemessenen Sorgen hinzuzufügen.

Ungeduld, Missgunst und Eifersucht sind offensichtlich negative Emotionen, die leicht erkannt werden können. Das Konzept des endlosen "Wollens" ist etwas komplizierter und verwirrender. Wenn das Gefühl des Wollens unseren inneren Frieden und unsere Zufriedenheit nicht beeinflusst, dann ist das ein gesundes Wollen.

Übermäßiges Wollen ist jedoch häufig eine Form der Verzweiflung und eine Erklärung der inneren Leere. Jedem übermäßigen Verlangen fehlt die richtige Balance und ist für uns eher hinderlich. In allem im Leben kommt es auf die richtige Balance an.

Wir sollten uns auf mehr, als nur unser Wollen fokussieren. Jeder möchte irgendetwas. Wir sollten auch Wege finden, um das zu bekommen, was wir wollen.

Wenn wir etwas wollen, sollten wir erst unseren eigenen Wert anbieten. Dies kann sich kontraintuitiv anfühlen und schwer zu verstehen sein. Um jedoch zu bekommen, müssen wir zunächst selbst etwas geben. So ist es, wie es normalerweise funktioniert.

Wir sollten auch einen Raum der Vernunft und Sicherheit schaffen, um sicher wachsen zu können. Der Raum der Vernunft ist Zufriedenheit und Dankbarkeit.

Im gegenwärtigen Moment zufrieden und dankbar zu sein, ist der sicherste Weg, um seine Ziele zu erreichen. Zufriedenheit ist nicht gierig, besitzergreifend, eifersüchtig oder ungeduldig. Zufriedenheit und Dankbarkeit sind

Anzeichen dafür, dass wir bereit sind zu empfangen. Sie sind ein Indikator für innere Reife und Balance. Sie sind Eigenschaften derer, die sich geistig und intellektuell kultiviert haben.

In dem Moment, in dem wir akzeptieren, dass es keinen größeren Erfolg als inneren Frieden und Zufriedenheit gibt, sind wir auch für weiteren Erfolg gewappnet. Zufriedenheit schützt auch unsere bisherigen Erfolge. Ohne inneren Frieden und Zufriedenheit würde uns der eigene Erfolg niederreißen.

Oft sind wir die größten Hindernisse bei der Erreichung unserer Träume. Wir sollten uns selbst aus dem Weg gehen. Nur innere Beherrschung kann die äußeren Umstände meistern.

Der Anfang liegt in uns selbst. Wir sollten mit unseren Wünschen ruhig und geduldig umgehen. Es ist falsch zu glauben, dass wir nicht ausreichend Zeit haben, oder dass eine ähnliche Chance niemals wieder kommen wird. Sei ruhig, sanft, geduldig, fokussiert und dankbar.

Gib niemals einen Traum auf, nur weil du glaubst, dass dessen Verwirklichung zu viel Zeit kostet. Die Zeit wird vergehen.

Prüfungen werden kommen. Wir sollten bereit sein, unsere Leidenschaft mit Geduld und Langmut zu beweisen. Jeder Wunsch wird geprüft. Desto größer der Wunsch, desto größer die Prüfung. Wir sollten mit ehrlichem Ausdruck an unserer Leidenschaft arbeiten. Dann werden wir es erreichen.

"Sei zufrieden mit dem, was du hast. Freu dich über die Art und Weise, wie die Dinge sind. Sobald wir feststellen, dass nichts fehlt, gehört die ganze Welt uns." - Lao Tzu

Egal, was wir für uns wünschen. Erfolg beginnt nicht in

unserer Hand, sondern in unserem Herzen. Greif danach, mit allem was du hast, mit dem ganzen Herzen, mit dem ganzen Verstand und deiner ganzen Leidenschaft.

39 DIE KRAFT DER MÖGLICHKEITEN

Es waren einmal Zwillinge, die glichen sich äußerlich wie ein Ei dem anderen. Ansonsten waren sie aber vollkommen verschieden.

Wenn es dem einen zu heiß war, war es dem anderen zu kalt. Wenn der eine sagte: "Die Musik ist zu laut", wollte der andere die Musik noch lauter. Und der auffälligste Unterschied zwischen den beiden war der, dass der eine von ihnen zu jeder Stunde optimistisch und zuversichtlich war, während sich der andere immer schlecht gelaunt und pessimistisch gab.

Als sie nun eines Tages Geburtstag hatten, wagte der Vater der Zwillinge ein Experiment: Er wartete am Vorabend des Geburtstages so lange, bis seine Söhne eingeschlafen waren, und machte sich dann heimlich ans Werk.

Er füllte das Zimmer des Pessimisten bis unter die Decke voll mit den schönsten Geschenken: Spielzeug, Sportgeräte, technische Geräte und vieles mehr. Dem Optimisten aber legte er nur einen stinkenden Haufen Pferdeäpfel ins Zimmer – sonst nichts. Nun war er gespannt, was passieren würde.

Am nächsten Morgen schaute der Vater zuerst ins Zimmer des Pessimisten. Er fand ihn laut klagend am Boden sitzen, inmitten der ganzen wundervollen Geschenke.

"Warum weinst du denn?", fragte der Vater.
"Erstens, weil meine Freunde neidisch sein werden, zweitens, weil ich die ganzen Gebrauchsanleitungen lesen muss, bevor ich mit den Geschenken etwas anfangen kann, drittens, weil ich für die meisten dieser Spielsachen ständig neue Batterien brauchen werde und viertens, weil im Laufe der Zeit bestimmt ein paar von den Spielsachen kaputtgehen werden!"

Darauf ging der Vater in das Zimmer des optimistischen Zwillings. Dieser hüpfte vor Freude um die Pferdeäpfel herum.

"Warum bist du denn so fröhlich?", fragte der Vater.
"Ganz einfach", antwortete dieser, "weil irgendwo im Haus ein Pony sein muss!"

Dieses Beispiel zeigt, wie unterschiedlich wir die Welt wahrnehmen.

Wenn die Welt um uns herum zusammenbricht und alles danach aussieht, kaputt zu gehen. Denk daran, alles ist gut.

Alles ist gut bedeutet nicht, dass alles perfekt ist. Es bedeutet, dass es in uns selbst gut ist. Es bedeutet, dass wir inneren Frieden haben. Der Zustand unseres Geistes beeinflusst, wie wir das Leben erleben. Wenn wir negativ, korrigierend, verbittert und bösartig sind und ständig andere angreifen, sind wir Bestandteil einer bösartigen Welt.

Wenn wir nur pessimistisch sind, sind wir eine treibende Kraft des Unmöglichen. Wenn wir positiv sind, sind wir eine treibende Kraft des Möglichen. Alles ist gut, bedeutet, dass alles Gute mit und in uns beginnt.

Es bedeutet, dass wir dafür verantwortlich sind, unser Bestes zu geben. Und alles, was wir geben, ist besser als nichts. Es bedeutet, in schwierigen Zeiten seinen inneren Frieden beizubehalten und mit anderen zu teilen. Es heißt, zuversichtlich zu sein und die Hoffnung zu teilen.

Es bedeutet, dass wir die Probleme in der Welt klar sehen. Es bedeutet aber auch, dass wir weiter schauen und nach Lösungen suchen. Alles ist gut, ist eine Form des Mutes. Es ist mutig, im Angesicht der Negativität positiv zu bleiben. Alles ist gut, ist eine Form der Dankbarkeit. Es ist Dankbarkeit in Momenten dankbar zu sein, in denen es nicht perfekt läuft.

Alles ist gut, ist eine Entscheidung darüber, wie wir unsere Tage leben werden. Auch wenn wir morgen aufwachen und Stress und Druck auf uns liegt, sobald wir den Moment für das akzeptieren, was er ist, ist alles gut.

“Vertraue darauf, dass alles gut sein wird. Die Tatsache, dass du jetzt hier bist, ist der Beweis, dass bisher alles wieder gut geworden ist.” — Emmanuel Dagher

40 EIN POSITIVER GEDANKE IST DER ERFOLG, DEN WIR HEUTE BRAUCHEN.

Wenn wir uns überwältigt fühlen, hilft es, sich einfach zurückzulehnen und nach einem positiven Gedanken zu schauen. Alles Gute beginnt mit einem positiven Gedanken. Wir müssen nicht alles in unserem Leben in einem einzigen Augenblick verändern. Alles was wir brauchen, ist ein positiver Gedanke.

Wenn wir an diesem Gedanken festhalten, wird er uns daran erinnern, dass es Hoffnung gibt. Ein einfacher positiver Gedanke kann schon hilfreich sein. Alle unsere Bemühungen, Kämpfe, Schmerzen und Leiden sind es für eine gute Sache wert.

Diese guten Dinge kommen häufig in den Momenten zu uns, in denen wir sie am meisten benötigen. Ein positiver Gedanke kann unser Leben oder das Leben eines anderen retten. Ein positiver Gedanke ist in der Lage die ganze Welt unter unseren Füßen zu verschieben. Ein positiver Gedanke ist der Erfolg, den wir heute brauchen.

41 VERSPRICH DIR JETZT, DASS DU NICHT VON HIER GEHST, OHNE VOLL UND GANZ GELEBT ZU HABEN.

Das Leben will uns einige Lektionen lehren und es wird nicht aufhören uns zu unterrichten, bis wir sie gemeistert haben. Es möchte von uns Dankbarkeit für das Geschenk des Lebens sehen.

Wir sollten jede Sekunde schätzen. Das Leben möchte, dass wir uns selbst kennen, dass wir, wir selbst sind und uns und andere lieben. Wir sind eine einzigartige und wunderbare Person. Ein Geschenk für diese Welt. Das Leben will, dass wir in der Lage sind, Zuneigung und Liebe voll zu spüren und zu geben.

Das Leben möchte uns zeigen, dass Menschen wichtiger als Dinge sind. Dinge sind nur da, um abgenutzt zu werden. Wir sollten uns immer für Menschen, anstatt für Dinge entscheiden.

Das Leben möchte, dass wir wissen, dass Gefühle wichtiger als Fakten sind, und dass wir niemanden verletzen sollen, nur um richtig zu liegen. Das Leben möchte, dass wir uns, andere und den Planeten respektieren. Wir sollen freundlich, geduldig und vergebend sein. Das Leben möchte, dass wir die unergründliche Vielfalt der Welt entdecken. Reise, erforsche, lerne und erlebe, soviel du kannst. Das Leben will, dass wir uns um unsere Gesundheit kümmern und mit unserem Körper gewissenhaft umgehen.

Das Leben möchte, dass wir uns weiterentwickeln und uns selbst erleben. Wir sollten uns nicht von Erwartungen anderer oder gesellschaftlichen Zwängen gefangen nehmen lassen. Das Leben möchte, dass wir in voller Ausrichtung der Liebe, Leidenschaft und Integrität leben. Das Leben möchte uns zeigen, dass es Zeit ist aufzuwachen. Es ist nicht zu spät. Ein spannendes, beeindruckendes und elektrisierendes Leben liegt in dem Moment vor uns, in dem wir aufwachen. Wir sollten uns jetzt versprechen, dass wir nicht von dieser Welt gehen, bevor wir voll gelebt haben.

42 ZURÜCK ZU SICH SELBST, IN EINER MODERNEN WELT

Viele fühlen sich immer unbedeutender, ausgegrenzt und energieloser als jemals zuvor. Wir werden jeden Tag mit Informationen, Technologien, Gadgets und Produkten überflutet und sind in diesem digitalen Schneesturm fast verloren und unsichtbar.

Es ist eine Form der Anonymität durch digitale Massenverbindung. Echte persönliche Gemeinschaft wurde ausgebeutet und durch die digitale Form der Social Media ersetzt.

Häuser und Wohnungen sind immer seltener Orte herzlicher Gemeinschaft mit Freunden und Familie. Sie sind zunehmend kleine Gefängnisse und Gräber von Millionen bildschirmbestrahlten Mumien, die sich vor dem Sonnenlicht, der Natur und echter sozialer Interaktion verstecken.

Viele haben soziale Ängste, weil sie verlernt haben, mit echten Menschen zu interagieren. In Cafés und Restaurants essen die Menschen alleine. Fremde Menschen kommen immer seltener ins Gespräch. Jeder ist auf sozialen Plattformen am Chatten, mailen, surfen und interagieren. Auf die eine oder andere Weise sind wir heute tragischerweise doch irgendwie allein.

Ohne echte persönliche Interaktion mit Menschen werden wir eher Beobachter als Teilnehmer des Lebens. Die Illusion entsteht, dass wir durch materielle Dinge, besondere Ereignisse oder Dienstleistungen ein gutes Leben erreichen können. Ohne zu merken, dass alles, was sie benötigen bereits in uns ist.

Wenn wir uns als Konsument gefangen nehmen lassen, kann eine Art Identitätskrise entstehen. Menschen, die süchtig nach Konsum sind, haben selten tiefgründige und bedeutende Beziehungen.

Wir verkaufen uns selbst für einen schnellen Genuss des "guten Lebens", der mit Hilfe von Produkten erreicht werden soll. Produkte, die eigentlich auf die Mülldeponie gehören. Wenn wir es zulassen, wird der Müll um uns herum so hoch, dass er uns selbst begräbt.

Wir sollten das nicht zulassen. Qualitative Menschen sind der Ursprung einer qualitativen Welt. Wir sollten nach Qualität streben. Wir sollten Qualität sein. Wir sollten Qualität geben. Wir sollten unser Markenzeichen in jede Beziehung, jeden Tag und jeden Gedanken legen.

Für diejenigen, die aus dem modernen Albtraum erwacht sind, ist es schmerzhaft zu sehen, wie nahestehende Personen, von den Institutionen und Ideologien zerstört werden.

Es ist abstoßend zu sehen, wie Menschen der Schatz der Freude geplündert wird. Viele Organisationen überleben nur durch das Verschlingen anderer. Sie ernähren sich von der Hoffnung, den Träumen und der Energie.

Die Zerstörung des Lebenswunders ist nur über unser Wertesystem möglich, wenn wir es zulassen. Viele unserer sogenannten Wertesysteme sind mittlerweile nichts weiter als Selbstzerstörungsmechanismen, die in uns platziert wurden.

Und es fällt vielen schwer sich überhaupt eine andere Art von Leben vorzustellen, weil sie von klein auf mit diversen kulturellen Werten konfrontiert und geformt wurden.

"Von Geburt an wurden wir erzogen Diener der Konsumgesellschaft zu sein. Mit Angst und Bequemlichkeit wurde uns beigebracht, dass wir unsere Zukunft nicht frei bestimmen können. Uns wurde beigebracht, dass wir die Muster unseres Lebens und unserer Beziehungen nicht verschieben können. Die Wahrheit ist, dass wir über mehr Kraft und Einfluss verfügen, als wir uns überhaupt vorstellen können. Es liegt an uns, von dem Albtraum der Konsumabhängigkeit aufzuwachen. Es liegt an uns, von der falsch geschaffenen Hilflosigkeit aufzuwachen. Es ist Zeit, von der falschen Realität aufzuwachen, was viele ihr "Leben" nennen." - Anthony Gucciardi

Wir sollten ständig neu bewerten, was Erfolg für uns bedeutet. Der meiste sogenannte Erfolg ist in der heutigen Form eine Art der Sklaverei. Oft ist das, was andere Erfolg nennen, nicht das Beste für unser Leben und somit nicht Erfolg in unserem persönlichen Leben. Wir sollten wachsam sein. Erfolg ist oft nicht das, was wir denken, dass es ist. Es ist häufig eine schön geschmückte Falle.

Wir alle werden von Geburt an in einen harten Wettbewerb mit anderen gedrängt. Das, was viele heute unter Erfolg verstehen ist etwas, das unsere Individualität und unser inneres Potenzial zerstört.

Wenn Erfolg als "das Beste" für sein Leben verstanden

wird, gibt es nichts Verkehrtes daran erfolgreich zu sein. Jeder von uns sollte in seinem Leben Fülle und Erfolg haben.

Wir sollten jedoch die innere Reife besitzen, mit dem Erfolg richtig umzugehen. Jeder Grad des Erfolgs sollte mit Integrität und Mitgefühl gepaart sein. Erfolg ohne Integrität ist häufig nur vorübergehend. Echter Erfolg ist manchmal "Nein" zu sagen. Echter Erfolg ist mit Tugenden wie Demut, Mitgefühl, Ehrfurcht und Achtung vor dem Leben verbunden.

"Der einzige Weg wirklich frei zu sein, ist alles zu hinterfragen, was wir zu glauben scheinen." — Sean Suddes

Wenn wir etwas außerhalb von uns ändern wollen, müssen wir bei uns beginnen. Weil dies der Weg zur Freiheit ist, gibt es vieles, was versucht, uns davon abzuhalten.

Wenn es jemals eine freundlichere und respektvollere Welt gibt, dann nur, weil es Menschen gibt, die eine aktive Rolle darin einnehmen. Eine Rolle, die sich selbst und damit ihre umgebende Welt verändert.

Der Aufstieg zu einer Person des Friedens, der Ruhe, Intelligenz, Weisheit und Glück liegt in unseren Händen. Es ist eine innere Reise, die mit Fragen beginnt. Der Anfang liegt darin, alles zu hinterfragen. Unsere Glaubensmuster, unsere Verhaltensmuster, unsere Gewohnheiten und kulturellen Bräuche. Wir sollten alles hinterfragen, auch uns selbst. Wir sollten auch den Mut haben, sich selbst zu hinterfragen. Wir können neu entscheiden, was wir als Realität akzeptieren. Wir sind stark und von einer unglaublichen Schönheit umgeben. Wir sollten anfangen, die Augen dafür zu öffnen.

Ein Dozent hielt einmal einen Vortrag vor einer Gruppe Studenten, die Wirtschaft studieren. Er wollte ihnen einen wichtigen Punkt vermitteln mit Hilfe einer Vorstellung, die sie nicht vergessen sollen. Als er vor der Gruppe dieser qualifizierten angehenden Wirtschaftsbosse stand, sagte er: “Okay, Zeit für ein Rätsel.”

Er nahm einen leeren 5-Liter-Wasserkrug mit einer sehr großen Öffnung und stellte ihn auf den Tisch vor sich. Dann legte er circa zwölf faustgroße Steine vorsichtig einzeln in den Wasserkrug. Als er den Wasserkrug mit den Steinen bis oben gefüllt hatte und kein Platz mehr für einen weiteren Stein war, fragte er, ob der Krug jetzt voll sei.

Alle sagten: “Ja.” Der Dozent erwiderte: “Wirklich?” Er griff unter den Tisch und holte einen Eimer mit Kieselsteinen hervor. Einige hiervon kippte er in den Wasserkrug und schüttelte diesen, sodass sich die Kieselsteine in die Lücken zwischen den großen Steinen setzten.

Nun fragte er die Gruppe erneut: “Ist der Krug nun voll?“ Jetzt hatte die Klasse ihn verstanden und einer rief: “Wahrscheinlich nicht!” “Gut!”, antwortete er. Er griff wieder unter den Tisch und holte einen Eimer voller Sand hervor.

Er schüttete den Sand in den Krug und wiederum suchte sich der Sand den Weg in die Lücken zwischen den großen Steinen und den Kieselsteinen. Anschließend fragte er: “Ist der Krug jetzt voll?” “Nein!”, rief die Klasse. Nochmals sagte er: “Gut!”

Dann nahm er einen mit Wasser gefüllten Krug und goss das Wasser in den anderen Krug bis zum Rand. Nun schaute er die Klasse an und fragte: “Was ist der Sinn meiner Vorstellung?”

Ein Angeber hob seine Hand und sagte: “Es bedeutet, dass egal wie voll auch dein Terminkalender ist, wenn du es wirklich versuchst, kannst du noch einen Termin dazwischen schieben”.

“Nein”, antwortete der Dozent, “das ist nicht der Punkt.

Die Moral dieser Vorstellung ist: Wenn ihr nicht zuerst mit den großen Steinen den Krug füllt, könnt ihr sie später nicht mehr hineinsetzen. Was sind die großen Steine in eurem Leben? Eure Kinder, Personen, die ihr liebt, eure Ausbildung, eure Träume, würdige Anlässe, Lehren und Führen von anderen, Dinge zu tun, die ihr liebt, Zeit für euch selbst, eure Gesundheit, eure Lebenspartner?

Denkt immer daran, die großen Steine zuerst in euer Leben zu bringen, sonst bekommt ihr sie nicht alle unter. Wenn ihr zuerst mit den unwichtigen Dingen beginnt, dann füllt ihr euer Leben mit kleinen Dingen voll und beschäftigt euch mit Sachen, die keinen Wert haben und ihr werdet nie die wertvolle Zeit für große und wichtige Dinge haben."

Wir sollten uns daran erinnern, dass wir die Kraft haben in jedem Augenblick zu sagen: "Es reicht." Wir können in jedem Moment unseren Kurs ändern und damit unsere Zukunft beeinflussen.t

43 BEWUSSTER KONSUM

Wir können nicht jemand sein, der nach Schönheit strebt, wenn wir selbst Hässlichkeit in unserem Leben zulassen. Wenn wir uns nur einmal bewusst machen, wie wichtig die Qualität unseres Essens ist. Es gibt kaum etwas Wichtigeres als das, was wir in unseren Körper reinlegen. Das Essen ist ein Teil unseres Lebens.

Als wunderbare Geschöpfe sollten wir auf die Qualität unserer Luft, unseres Wassers und unserer Nahrung achten. Wir sollten uns bewusst sein, was wir für unseren Körper zulassen.

Wir konsumieren jedoch mehr als nur Nahrung. Der Mensch lebt nicht von Brot allein. Wir konsumieren unsere gesamte Umgebung mit Hilfe unserer Sinne. Wir konsumieren Sehenswürdigkeiten, Gespräche, Produkte, Berührungen, Geräusche, Luft und Zeit. Sollten wir nicht auch darauf achten, womit wir unser Bewusstsein und unsere Sinne füttern?

Hässlichkeit kommt in verschiedenen Formen: über Materialismus, die Nahrung, die wir essen und viele Dinge, die wir über unsere Sinne aufnehmen. Viele der psychischen und geistigen Probleme entstehen, weil wir falsche Dinge konsumieren.

Durch unbedachten Konsum beginnt, unsere innere Schönheit zu schwinden. Wenn wir Wissen ohne Gewissen aufnehmen, kann Intelligenz zu Arroganz werden, was zu Verlust des Mitgefühls führt.

Genauso löst sich durch den Konsum von gewalttätiger Unterhaltung stückweise unsere Sensibilität auf, sodass sich unser Geschmack für geistige Nahrung verändert und eine Akzeptanz des Perversen entsteht. All diese entstehenden Gelüste führen zu einem tragischen Ungleichgewicht in unserem Leben, der nur schwer erkannt und eingeschätzt werden kann.

"Wenn wir Böses in unseren Gedanken erlauben, werden wir selbst hässlich. Schaue in allem nur nach dem Guten, sodass du die Qualität der Schönheit in dir aufnehmen kannst."
— Paramahansa Yogananda

Eine der effektivsten Möglichkeiten in der Schönheit zu wachsen, ist den Konsum von gewaltverherrlichender Unterhaltung zu reduzieren. Während gewaltverherrlichende Unterhaltung zunächst harmlos scheint, greift es unsere Empfindlichkeiten demgegenüber an. Die Empfindlichkeit, mit der wir geboren wurden.

Gewaltsame Videospiele, Filme und Serien lösen unsere Sensibilität auf und verringern unsere Empathie gegenüber unseren Mitmenschen.

Je nachdem, wie selektiv wir mit dem Konsumierten umgehen, sind wir permanent mit Hass und Gewalt konfrontiert. Das Fernsehgerät kann unser Familienwohnzimmer in einen Ort verwandeln, an dem Tod und Gewalt verherrlicht werden.

Ein großer Teil im TV ist ein pornografisches Hupkonzert von Gewalt, Tod, Besessenheit, Geschrei, Schüsse und Drama.

Wenn wir glauben, dass diese Art des Konsums und der Unterhaltung normal ist, dann nur, weil wir bereits verletzt sind.

Während unsere Kinder auf dem Boden spielen, hört man im Hintergrund Schüsse, Geschrei und Mordszenen. All dies wird von uns wie ein Schwamm aufgesogen.

Auch wenn wir nicht alles radikal ändern wollen, wird es nicht schaden, bewusster auf unseren Konsum zu achten. Nur das, was wir in ein Gefäß hineingeben, kann auch wieder herauskommen.

Es ist nicht so, dass wir gewalttätige Menschen werden, wenn wir gewaltsame Spiele spielen oder Filme schauen. Es ist jedoch so, dass gewaltverherrlichende Unterhaltung unser persönliches Unterbewusstsein verändert.

Auch, wenn wir dem, was wir sehen im Nachgang nicht zustimmen, beeinflusst es unser Bewusstsein. Auch, wenn uns die Gewalt nicht vollständig formt, ist es doch ein Ausdruck dessen, wer wir sind. Unsere Interessen legen unseren inneren Zustand dar.

Beim Konsum von gewaltverherrlichenden Filmen und Spielen nehmen wir diese Energie, dieses Training, diese Konditionierung und Erfahrung in uns auf, bis sie ein Teil unserer erlebten Identität werden.

Wenn wir solche Spiele und Filme konsumieren, zeigen wir auch, dass wir es lieben, unsere Freizeit damit zu verbringen. Wir zeigen, dass wir es lieben diese Bilder, Klänge und Erlebnisse zu erleben. Wir suchen uns aus, womit wir unsere

Zeit verbringen und unsere Gedanken und Aufmerksamkeit füttern.

Alles was wir konsumieren, hat Einfluss auf uns. Wenn wir diese Art der Unterhaltung mögen, ist es vielleicht schleichend in unser Leben gekommen, ohne dass wir uns dessen wirklich bewusst waren.

Vielleicht wären wir heute ohne diesen negativen Einfluss eine andere Person. Wer könnten wir heute ohne den Fokus auf so viel Gewalt und Negativität sein?

Die Zeit, die wir leben, ist begrenzt. Wir können nur für eine bestimmte Zeit, die herrlichen Erfahrungen des Lebens fühlen und sehen. Oft sind der Horror, die Kaltblütigkeit und die Unfreundlichkeit im echten Leben absolut ausreichend und müssen nicht mit weiterer Brutalität oder Horror gefüttert werden.

Anstatt sich in fiktiven Dramen einwickeln zu lassen, finden wir genug Drama und Leid in der Welt, in der wir leben, die unsere Aufmerksamkeit benötigt.

Desto mehr wir gewaltverherrlichende und manipulierende Unterhaltung meiden, desto stärker verändern sich die Dinge ins Positive.

Anstatt seine Zeit mit negativer Unterhaltung zu verbringen, sollten wir nach Dingen schauen, die uns aufbauen und ermutigen. Wir können in so vielen Dingen lernen und wachsen. Wir könnten die Zeit nutzen und eigene Abenteuer in unserem Leben erfahren. Die Zeit ist das Kostbarste, was wir haben.

Wir brauchen keine zusätzliche Unterhaltung. Das Leben ist unterhaltsam genug, wenn man anfängt, es selbst zu leben. Wir sollten damit aufhören, alles nur durch die fiktive Brille der

Unterhaltung zu erleben. Wir sollten die Hauptdarsteller unseres eigenen Lebens sein.

Wenn wir der Autor unseres eigenen Lebens werden, können wir unsere eigenen spannenden und inspirierenden Geschichten schreiben und live erleben.

Es gibt natürlich auch gute Dinge, die wir konsumieren können. Diese Dinge befreien uns, schützen uns und richten uns auf das aus, was natürlich, friedvoll und sicher ist.

Indem wir bewusst nur Dinge konsumieren, die gut und rein sind und die künstlichen Dinge ablehnen, öffnen wir unser Bewusstsein für das Gute und richten die geraubte Sensitivität wieder auf.

Wir sollten immer danach streben, uns selbst kritisch zu hinterfragen und jegliche Form der Gewalt oder der Manipulation abzulehnen. Wir sollten das, was uns bisher negativ beeinflusst hat ablegen, und uns von innen heraus befreien.

Um Gewalt zu beenden, müssen wir in uns selbst schauen, uns selbst verstehen und uns selbst weiterentwickeln. Die Unschuld lebt noch immer in unseren Herzen. Und das Kind in uns weiß immer noch, was richtig und was falsch ist. Anstatt sich der Hässlichkeit auszusetzen, sollten wir danach streben, uns mit dem Schönen zu umgeben. Wir sollten darauf achten, womit wir unseren Verstand und unseren Körper füttern. Sonst schaden wir unserer Gesundheit und unserem Wohlbefinden.

44 BEGINNE, DICH WIEDER ZU ERINNERN.

Freiheit ist Sonnenschein, Bergwandern, Flussufer und Abendhimmel voller Sterne. Freiheit ist in Tränen zu lachen und Momente, in denen wir jemanden umarmen, den wir lieben. Freiheit ist gemeinsam das Brot zu brechen. Freiheit ist in der Stille und im Atem. Es ist in außergewöhnlichen Momenten tief zu spüren. Freiheit ist zu wissen, was echt ist.

Freiheit ist das zu tun, was richtig ist. Freiheit kann in der heutigen modernen Sicht sehr unspektakulär erscheinen. Freiheit ist ein vergessenes Land, das darauf wartet, wieder von uns erinnert zu werden. Wir sollten anfangen, uns daran zu erinnern, was diese Freiheit ist.

45 HÄSSLICHKEIT SIEHT HÄSSLICHKEIT. SCHÖNHEIT SIEHT SCHÖNHEIT.

Wir können in jeder Person oder in jeder Erfahrung nur etwas Positives und Schönes sehen, wenn Schönheit zunächst in uns verankert ist. Das Wichtige im Leben ist die richtige Balance. Balance und Fülle gibt es in allen Dingen.

So, wie wir uns entscheiden die Realität wahrzunehmen, beeinflussen wir, wie wir an der Realität teilnehmen.

Wenn wir Zynismus, Pessimismus und Sarkasmus zulassen, verstärken sich das Ungleichgewicht und die Negativität in unserem Leben. Es ist nicht fair oder realistisch, permanent negativ zu sein.

Unser komplettes Sein ist dazu geschaffen, das Leben vollständig zu erleben. Die Welt, die wir in unseren Köpfen schaffen, formt die Realität, in der wir leben. Wahrnehmung begegnet uns an der Kreuzung von Glauben und Realität. Hoffnungsvolle Visionen erschaffen Möglichkeiten, die nur in den Augen derer existieren, die daran glauben.

Wenn wir auf eine neue Weise leben wollen, sollten wir anfangen, auf diese Weise zu denken. Unsere Gedanken formen unser Leben, und nicht anders herum.

Verstehe das Negative, aber verstärke es nicht. Sei der Negativität bewusst, aber lasse nicht zu, dass sie dich gefangen nimmt.

Es ist wichtig, dass wir auf jeden durch die Augen der Liebe schauen.

Wenn wir uns dafür entscheiden, jeden Moment so schön wie möglich zu gestalten, schaffen wir auch mehr positive Erfahrungen für andere.

Wir sollten das Licht im Leben anderer sein. Indem wir uns für Positivität entscheiden, können wir denen Hoffnung geben, die es am meisten brauchen.

Alles beginnt damit, wie wir uns entscheiden die Welt zu sehen und ob wir die Liebe in unserem Herzen zulassen. Ein erfüllteres Leben und eine schönere Welt sind häufig nur einen Gedanken entfernt.

“Unser Leben ist nicht davon abhängig, was andere tun oder nicht tun. Es beginnt mit uns. Und es beginnt jetzt.” — Eleanor Brownn

46 SEI SCHÖN UND DAS LEBEN WIRD DICH SCHÜTZEN.

Unbesiegbarkeit ist, mit Liebe und Schönheit gefüllt zu sein. Liebe absorbiert die harten Schläge der starren Fäuste. Liebe umgibt und erweicht Hass und Gewalt.

Wenn wir von anderen konfrontiert, gemobbt oder eingeschüchtert werden, während wir unsere Stimme der Vernunft zum Ausdruck bringen, sollten wir daran denken, von innen zu scheinen.

Liebe und Schönheit gehören zu den stärksten Abwehrmechanismen von Gewalt und Hass. Stellen wir uns vor, dass wir eine einzigartige und wunderschöne Blume inmitten eines Gartens sind.

Die meisten Menschen werden nicht absichtlich auf eine schöne Blume treten. Sie werden an der Blume vorbei geben, um zu verhindern, dass sie deren Schönheit zerstören.

Selbst die gemeinsten und schlechtesten Menschen versuchen, daran zu vorbei zu gehen und die Schönheit nicht zu zerstören. Sie erkennen die Schönheit und wünschen sich insgeheim, dass mehr von ihrer eigenen Schönheit sichtbar werden würde.

Uns selbst, wenn eine raue Seele Freude daran hat, diese schöne Blume zu zertrampeln, erkennt sie schnell, dass es viele Gärtner in dem Garten gibt, die es nicht mögen. Diese Gärtner mögen es nicht, wenn schöne Blumen absichtlich zertrampelt werden.

Ein von innen schöner Mensch ist wie diese schöne Blume geschützt. Wir sollten uns darauf konzentrieren, von innen zu scheinen und das Leben wird uns beschützen.

47 MEHR ALS EINE ENTSCHEIDUNG

Eines Tages entschieden Frösche, einen Wettlauf zu veranstalten. Um es besonders schwierig zu machen, legten sie als Ziel fest, auf den höchsten Punkt eines großen Turms zu gelangen.

Am Tag des Wettlaufs versammelten sich viele andere Frösche, um zuzusehen.
Dann endlich – der Wettlauf begann.

Nun war es so, dass keiner der zuschauenden Frösche wirklich glaubte, dass auch nur ein einziger der teilnehmenden Frösche tatsächlich das Ziel erreichen könne. Anstatt die Läufer anzufeuern, riefen sie also, "Oje, die Armen! Sie werden es nie schaffen!", oder "Das ist einfach unmöglich!", oder "Das schafft ihr nie!"

Und wirklich schien es, als sollte das Publikum recht behalten, denn nach und nach gaben immer mehr Frösche auf.

Das Publikum schrie weiter: "Oje, die Armen! Sie werden es nie schaffen!"

Und wirklich gaben bald alle Frösche auf – alle, bis auf einen einzigen, der unverdrossen an dem steilen Turm hinaufkletterte – und als Einziger das Ziel erreichte.

Die Zuschauerfrösche waren vollkommen verdattert und alle wollten von ihm wissen, wie das möglich war.

Einer der anderen Teilnehmerfrösche näherte sich ihm, um zu fragen, wie er es geschafft hatte, den Wettlauf zu gewinnen.

Und da merkten sie erst, dass dieser Frosch taub war!

Dieses Buch enthält Ideen und Methoden, die unser Leben verändern können. Was wir damit anfangen, liegt ganz bei uns.

Wenn wir das Buch weglegen, können wir es mit dem Gefühl tun, ein wenig dazugelernt zu haben, und dann genauso weitermachen wie bisher.

Wir können aber auch die Herausforderung annehmen, etwas zu verändern.

Gib niemals einen Traum auf, nur weil du glaubst, dass dessen Verwirklichung zu viel Zeit kostet. Die Zeit wird vergehen.

Gute Dinge geschehen, wenn du glaubst. Noch bessere Dinge geschehen, wenn du geduldig bist. Und die besten Dinge geschehen, wenn du niemals aufgibst.

Ich wünsche dir auf deinem Weg alles Gute und viel Erfolg.

Mit besten Grüßen,
Dave Hardy

PS: In allem was wir tun, ist Liebe der Schlüssel.

QUELLEN UND STUDIEN

1. Bonelli, R., Dew, R. E., Koenig, H. G., Rosmarin, D. H., and Vasegh, S. (2012). Religious and spiritual factors in depression: review and integration of the research. Depression Research and Treatment 2012, 1-9. doi:10.1155/2012/962860

2. Haslam, A., Jetten, J., Postmes, T., and Haslam, C. (2009). Social identity, health, and wellbeing: an emerging agenda for applied psychology. Applied Psychology: An International Review, 58, 1-23. doi:10.1111/j.1464-0597.2008.00379.x

3. Candy, B., Jones, L., Varagunam, M., Speck, P., Tookman, A., and King, M. (2012). Spiritual and religious interventions for well-being of adults in the terminal phase of disease. Cochrane Database of System Reviews, Issue 5. Art. No.: CD007544. doi:10.1002/14651858.CD007544.pub2

4. Koenig, H. G. (2012). Religion, spirituality, and health: The research and clinical implications. International Scholarly Research Network – Psychiatry 278730: 1-33. doi:10.5402/2012/278730

5. Visser, A., Garssen, B., and Vingerhoets, A. (2010). Spirituality and well-being in cancer patients: A review. Psycho-Oncology, 19(6), 565-572. doi:10.1002/pon.1626

6. Benjamins, M. R. (2006). Does religion influence patient satisfaction? American Journal of Health Behavior, 30(1), 85-91.

7. Oman, D., Hedberg, J., and C. E. Thoreson. (2006). Passage meditation reduces perceived stress in health professionals: A randomized, controlled trial. Journal of Consulting and Clinical Psychology, 74(4), 714-719.

8. Krause, N. (2006). Religious doubt and psychological well-being: A longitudinal investigation. Review of Religious Research, 47(3), 287-302.

9. Religiosity/Spirituality and Well-Being among Ill or Vulnerable Populations:

10. Bauer-Wu, S., and Farran, C. J. (2005). Meaning in life and psychospiritual functioning: a comparison of breast cancer survivors and healthy women. Journal of Holistic Nursing, 23(2), 172-190. doi:10.1177/0898010105275927

11. Bonelli, R., Dew, R. E., Koenig, H. G., Rosmarin, D. H., and Vasegh, S. (2012). Religious and spiritual factors in depression: review and integration of the research. Depression Research and Treatment 2012, 1-9. doi:10.1155/2012/962860

12. Jim, H. S., Andersen, B. L. (2007). Meaning in life mediates the relationship between social and physical functioning and distress in cancer survivors. British Journal of Health Psychology, 12(3), 363-381. doi:10.1348/135910706X128278

13. Candy, B., Jones, L., Varagunam, M., Speck, P., Tookman, A., and King, M. (2012). Spiritual and religious interventions for well-being of adults in the terminal phase of disease. Cochrane Database of System Reviews, Issue 5. Art. No.: CD007544. doi:10.1002/14651858.CD007544.pub2

14. Kim, K.H. (2006). Religion, body satisfaction, and dieting. Appetite, 46(3), 285 – 296.

15. Kristeller, J. L., Rhodes, M., Cripe, L. D., and Sheets, V. (2005). Oncologist Assisted Spiritual Intervention Study (OASIS): Patient acceptability and initial evidence of effects. International Journal of Psychiatry in Medicine, 35(4), 329-347. doi:10.2190/8AE4-F01C-60MO-85CB

16. Moadel, A. B., Shah, C., Wylie-Rosett, J., Harris, S., Patel, S. R., Hall, C. B., and Sparano, J. A. (2007). Randomized controlled trial of yoga among a multiethnic sample of breast cancer patients: Effects on quality of life. Journal of Clinical Oncology, 25(28), 4387-4395. doi:10.1200/JCO.2006.06.6027

17. Richards, P. S., Berrett, M. E., Hardman, R. K., and Eggett, D. L. (2006). Comparative efficacy of spirituality, cognitive, and emotional support groups for treating eating disorder inpatients. Eating Disorders, 14(5), 401-415. doi:10.1080/10640260600952548

18. Uppal, S. (2006). Impact of the timing, type, and severity of disability on the subjective well-being of individuals with disabilities. Social Science and Medicine, 63(2), 525-539. doi:10.1016/j.socscimed.2006.02.016

19. Visser, A., Garssen, B., and Vingerhoets, A. (2010). Spirituality and well-being in cancer patients: A review. Psycho-Oncology, 19(6), 565-572. doi:10.1002/pon.1626

20. Abdel-Khalek, A. M. (2007). Religiosity, happiness, health, and psychopathology in a probability sample of Muslim adolescents. Mental Health, Religion, and Culture, 10(6), 571-

583.

21. Mackenzie, E. R., Rajagopal, D. E., Meibohm, M., and Lavizzo-Mourey, R. (2000). Spiritual support and psychological well-being: older adults' perceptions of the religion and health connection. Alternative Therapies in Health ND Medicine, 6(6), 37-45.

22. Nooney, J. G. (2005). Religion, stress, and mental health in adolescence: Findings from Add Health. Review of Religious Research, 46(4), 341-354.

23. Koenig, L. B., and G. E. Vaillant. (2009). A prospective study of church attendance and health over the lifespan. Health Psychology, 28(1), 117-124.

24. Bauer-Wu, S., and Farran, C. J. (2005). Meaning in life and psychospiritual functioning: a comparison of breast cancer survivors and healthy women. Journal of Holistic Nursing, 23(2), 172-190. doi:10.1177/0898010105275927

25. Goldstein, E. D. (2007). Sacred moments: Implications on well-being and stress. Journal of Clinical Psychology, 63(10), 1001-1019.

26. Halama, P., and Dedova, M. (2007). Meaning in life and hope as predictors of positive mental health: do they explain residual variance not predicted by personality traits? Studia Psychologica, 49(3), 191 – 201.

27. Haslam, A., Jetten, J., Postmes, T., and Haslam, C. (2009). Social identity, health, and wellbeing: an emerging agenda for applied psychology. Applied Psychology: An International Review, 58(1), 1-23.

28. Ho, M. Y., Cheung, F. M., & Cheung, S. F. (2010). The role of meaning in life and optimism in promoting well-being. Personality and Individual Differences, 48(5), 658-663.

29. Jim, H. S., Andersen, B. L. (2007). Meaning in life mediates the relationship between social and physical functioning and distress in cancer survivors. British Journal of Health Psychology, 12(3): 363-381. doi:10.1348/135910706X128278

30. Vilchinksky, N., and S. Kravetz. (2005). How are religious belief and behavior good for you? An investigation of mediators relating religion to mental health in a sample of Israeli Jewish students. Journal for the Scientific Study of Religion, 44(4), 459-471.

31. Diener, E., Tay, L., Myers, D. G. (2011). The religion paradox: If religion makes people happy, why are so many dropping out? Journal of Personality and Social Psychology, 101(6), 1278 – 1290.

32. Ellison, C. G. (1991). Religious involvement and subjective well-being. Journal of Health and Social Behavior, 32(1), 80 – 99.

33. French, S., and Joseph, S. (1999). Religiosity and its association with happiness, purpose in life, and self-actualisation. Journal of Mental Health, Religion, and Culture, 2(2): 117-120.

34. Galen, L.W., and Kloet, J. (2011). Mental well-being in the religious and the non-religious: evidence for a curvilinear relationship. Mental Health, Religion, & Culture, 14(7), 673-689.

35. Inglehart, R. F. (2010). "Faith and Freedom: Traditional and Modern Ways to Happiness." pp. 351-97 in International Differences in Well-Being, edited by E. Diener, J. F. Helliwell, and D. Kahneman. New York: Oxford University Press.

36. Ivtzan, I., Chan, C. P. L., Gardner, H. E., Prashar, K. (2013). Linking religion and spirituality with psychological well-being: examining self-actualisation, meaning in life, and personal growth initiative. Journal of Religion and Health,

52(3), 915-929.

37. Kashdan, T. B., and Nezlek, J. B. (2012). Whether, when, and how is spirituality related to well-being? Moving beyond single occasion questionnaires to understanding daily process. Personality and Social Psychology Bulletin, 38(11), 1523 – 1535.

38. Lelkes, O. (2006). Tasting freedom: Happiness, religion, and economic transition. Journal of Economic Behavior and Organization, 59(2), 173-194.

Lim, C., and Putnam, R. D. (2010). Religion, social networks, and life satisfaction. American Sociological Review, 75(6), 914 – 933.

39. Ryan, M. E., and Francis, A. J. P. (2012) . Locus of control beliefs mediate the relationship between religious functioning and psychological health. Journal of Religion and Health, 51(3), 774 – 785.

40. Bond M. (1988) Stress and Self Awareness: a Guide for Nurses, Heinemann.

41. Bradley D. (2000) Hyperventilation Syndrome, Kyle Cathie Ltd.

42. Brookes D. (1997) Breathe Stress Away, Hollanden Publishing.

43. Chaitow L., Bradley D., Gilbert C. (2002) Multidisciplinary Approaches to Breathing Pattern Disorders, Churchill Livingstone.

44. Cooper C.L., Cooper R.D., Eaker L.H. (1987) Living with Stress, Penguin.

45. Cooper C.L. (1995) Handbook of Stress Medicine and Health, CRC Press.

46. Cooper C., Palmer S. (2000) Conquer Your Stress, Chartered Institute of Personnel and Development.

47. Cooper K. (1991) Overcoming Hypertension, Bantam Books.

48. Davis M. (2000) The Relaxation and Stress Reduction Work Book, New Harbinger inc.

49. Edwards M. (2000) Stress Management for Cancer Patients: a Self Help Manual, Acorn Publishing.

50. Everly G.S. (1989) A Clinical Guide to the Treatment of the Human Stress Response, Plenum Press.

51. Fried R. (1990) The Breath Connection, Plenum Press.

52. Fried R. (1999) Breath Well Be Well, John Wiley and Sons inc.

53. Hambly K., Muir A. (1997) Stress Management in Primary Care, Butterworth Heinemann.

54. Handling Stress (1992) The Open University, The Open University Press.

55. Health and Safety Executive Help on Work Related Stress: a short guide. http://www.hse.gov.uk/pubns/indg281.pdf

56. Hoffman D. (1986) The Holistic Herbal Way to Successful Stress Control, Thorsons.

57. Hoffman D. (1992) Therapeutic Herbalism,

58. Howell M., Whitehead J. (1989) Survive Stress: A Training Program, Cambridge Health Promotion.

59. Hubbard J.R., Workman E.A. (1998) Handbook of Stress Medicine, CRC Press.

60. International Stress Management Association, Stress News April 2002 vol. 14 No 2.

61. Jones H. (1997) I'm too Busy to be Stressed, Hodder and Stoughton.

62. Lehrer P.M., Woolfolk R.L. (1993) Principles and Practices of Stress Management. The Guildford Press.

63. Lennard Brown S. (2001) Stress and Depression, Hodder.

64. Martin P. (1997) The Healing Mind: The Vital Links between Brain and Behaviour, Immunity and Disease. Thomas Dunne Books.

65. OHara V. (1995), Wellness at Work, New Harbinger inc.

66. Palmer S., Dryden W. (1995) Counselling for Stress Problems, Sage.

67. Paterson R. (1997) The Changeways Relaxation Programme, revised ed., British Columbia.

68. Payne R. (1995) Relaxation Techniques: a Practical Handbook for Healthcare Professionals, Churchill Livingstone.

69. Posen D. (1995) Stress Management for Physician and Patient, web article, http://www.mentalhealth.com/mag1/p51-str.html

70. Powell T.J. Enright S.J. (1993), Anxiety and Stress Management, Routledge

71. Seaward B.L. (1999) Managing Stress: Principles and Strategies for Health and Wellbeing, 2nd edition, Jones and Bartlett Publishers.

72. Simmons M., Daw W. (1994) Stress, Anxiety, Depression: a Practical Workbook, Winslow Press.

73. Steinmetz J. (1980) Managing Stress Before it Manages You, Bull Publishing.

74. Stress: A Self-help Guide (1999) Northumberland NHS Trust.

75. Stress Management Training: The Stress Consultancy, Sheffield, Yorkshire

76. Timmons B.H., Ley R. (1994) Behavioural and Psychological Approaches to Breathing Disorders, Plenum Press.

77. Townsend J. (2000) Get Tough with Stress.

78. Trickett S. (2001) Anxiety and Depression: a Natural Approach, Ulysses Press.

79. Tyler M. (1999) Stress Management Training for Trainers Handbook, Living with Stress Ltd.

80. Understanding Stress (1993) Part 3: Trainers Guide, HMSO.

81. Watkins A. (1977) Mind Body Medicine: a Clinicians Guide to Psychoneuroimmunology, Churchill Livingstone.

82. Weller S. (2000) The Breath Book: 20 Ways to Breathe Away Stress, Anxiety and Fatigue, Thorsons.

83. White J. (1997) Stresspac, The Psychological Corporation.

84. Wilkinson G. (1999) Family Doctor Guide to Stress. Dorling Kindersley.

Die Ratschläge in diesem Buch sind vom Autor und vom Verlag sorgfältig erwogen und geprüft worden. Sie bieten jedoch keinen Ersatz für kompetenten medizinischen Rat. Alle Angaben in diesem Buch erfolgen daher ohne jegliche Gewährleistung oder Garantie seitens des Verlages oder des Autors. Eine Haftung des Autors bzw. des Verlages für Personen-, Sach- und Vermögensschäden ist ebenfalls ausgeschlossen.

Cover Design by Emily Karen

Herausgeber

SGS Verlag, Veronika Penner, Lipper Hellweg 367, 33699 Bielefeld

ISBN: 1530824583
ISBN-13: 978-1530824588

16933664R00087

Printed in Poland
by Amazon Fulfillment
Poland Sp. z o.o., Wrocław